Petite philosophie
de l'amateur de vin

Du même auteur

Petite philosophie du rugby, Milan, 2005.

ISBN : 2-7459-1858-3

Thierry Tahon

Petite philosophie de l'amateur de vin

MILAN

Pour Sandra

Introduction

Le vin

Ma première rencontre avec le vin fut tardive : je dois vous avouer que jusqu'à l'âge de vingt-sept ans, je n'avais toujours pas bu la moindre goutte. Mais ce parcours n'a rien d'original : la plupart des jeunes gens préfèrent, en effet, la bière, ou les alcools forts, et ne découvrent le vin que vers la trentaine. Pour ma part, tout a commencé au mois de mai de l'année 1995, au cours d'un déjeuner familial, auquel avait été convié un ami de la famille, un certain André, qui avait apporté un vin d'Espagne, un rioja. André est un épicurien, au sens que les gens donnent habituellement à ce terme. Mais le philosophe enrage devant une telle trahison de ce que fut l'épicurisme antique (qui, rappelons-le, n'est en fait qu'un austère ascétisme) ; aussi l'expression « bon vivant » serait-elle bien plus appropriée. Ce jour-là, donc, André était venu avec ce vin de Rioja, dont la bouteille est si familière des tables du Sud-Ouest, notamment en raison de la bande bleue qui, en diagonale, barre l'étiquette. Aujourd'hui, je sais bien qu'il s'agit, somme toute, d'un vin sympathique, mais modeste. D'ailleurs, je n'apprécie plus trop ces vins espagnols qui, étant saturés de bois, finissent par tous se ressembler. Comment un tel vin a-t-il pu me séduire ? Cela reste encore un mystère pour moi. De son côté, André s'était montré particulièrement sobre dans sa dégustation : nulles simagrées, pas la moindre posture d'œnologue ou d'œnophile qui aurait pu m'influencer, et me présenter ce vin comme une merveille incomparable. Simplement, je crois que je compris enfin qu'un autre monde et qu'une autre vie étaient possibles, qu'il n'y avait pas que ce froid monde des idées qui était mon quotidien en tant que philosophe. De la même façon que ce vin était saturé de bois, j'étais saturé, quant à moi, de concepts, et j'ambitionnais secrètement, inconsciemment, un autre style de vie, une existence tournée vers les plaisirs et en quête de sensations.

Ce vin fut donc pour moi une sorte de révélation absolument imprévisible et un tournant quant à mon orientation philosophique : mon corps, engourdi par tant de lectures qui le fustigeaient, réclamait à présent des sensations ; mon esprit, presque entièrement dominé par la raison, se laissait enfin séduire par les agaceries de l'imagination et acceptait ses avances. Je bus donc du vin pour la première fois, et ce fut l'amorce d'une passion qui, depuis, ne me quitte plus. Mais au-delà de la découverte d'une boisson trop longtemps ignorée, cette date est pour moi le symbole d'une renaissance, que dis-je, d'une résurrection ; elle symbolise, dans mon histoire personnelle, le début d'une sorte de printemps philosophique, et la transition d'un incompréhensible ascétisme à un hédonisme salvateur. Elle me révèle aussi à quel point notre existence est instable, et qu'il suffit d'une rencontre pour qu'elle s'oriente vers une direction inattendue : qui sait si, sans ce vin de Rioja, je n'errerais pas encore dans le ciel intelligible de Platon ! Elle m'apprend enfin que le vin réclame une initiation, c'est-à-dire que les bonnes personnes doivent, au bon moment, vous donner la chance d'entrevoir un monde nouveau ; il faut que, ce jour-là, vous soyez prêt à passer outre toutes vos vieilles réticences, vos préjugés les plus anciens qui, finalement, ne veulent qu'une seule chose : le scrupuleux retour du même, la monotone répétition plutôt que l'aventure. Je pus donc surmonter ma mystérieuse aversion pour le vin, aversion sur laquelle je pressens que la psychanalyse aurait beaucoup à m'apprendre… Je portai ainsi à mes lèvres, pour la toute première fois, le liquide si injustement méprisé durant mon hiver philosophique ; mais n'attendez pas de moi, parvenu à ce stade de la confidence, un fidèle commentaire de ce que je ressentis alors, car tout cela, finalement, n'est qu'une affaire de sensations, et ne saurait, à mon sens, être restitué par des mots. Ces sensations étaient-elles, au moins, agréables ? C'est surtout leur nouveauté qui m'attira, car elles me présentèrent un échantillon de ce monde sensible dont je m'étais détourné ; elles sollicitaient également mes sens, jusque-là neutralisés ou presque par des choix philosophiques qui, aujourd'hui, me paraissent relever d'une vie antérieure.

Cette conversion me semble définitive, irréversible, en un mot : irrévocable. Je ne vois point, en effet, quel événement pourrait déclencher en moi le remords, et me faire songer avec nostalgie à cette triste époque où je passais à côté des plaisirs de la vie. J'ose espérer qu'aucune raison ne pourra un jour me détourner à nouveau du vin. Car le vin, désormais, est là : j'en bois régulièrement, mais pas quotidiennement, réservant tout particulièrement mes week-ends à des dégustations entre amis. Je veille à ne pas banaliser le vin, et j'entretiens la relative rareté de mes retrouvailles avec cette boisson. Non pas que je craigne l'apparition d'une dépendance ; il y a une bien meilleure raison : à mes yeux, l'existence la plus intéressante, mais aussi la plus intense, n'est pas celle qui, frénétiquement, multiplie les plaisirs, ne songeant, finalement, qu'à la seule quantité. L'idéal n'est pas, selon moi, une vie exclusivement faite de plaisirs, d'ailleurs bien difficile à atteindre ; je cherche, au contraire, à espacer les instants agréables, à les entrecouper de passages plus austères ; la privation, dans ces conditions, n'est pas à repousser avec horreur, mais à entretenir soigneusement. Grâce à elle, le désir sera exacerbé ; aussi peut-on penser qu'il n'est jamais aussi fort que chez les ascètes, c'est-à-dire chez ces êtres étranges, incompréhensibles, qui en opposant un refus catégorique à leurs désirs ne font, en fait, que les stimuler. Le but est donc de trouver les conditions qui favoriseront la meilleure dégustation possible : pour ma part, différer le désir, lui imposer un délai, une attente, compter sur le temps pour le faire saliver est une stratégie hédoniste, et non le vestige d'un incorrigible ascétisme. Il en va, du reste, du vin comme de tous les autres plaisirs de la vie : la routine leur cause un tort considérable. Toujours du plaisir, ce n'est plus du plaisir, et un trop-plein de plaisirs finirait par tuer le désir. Dans les *Essais de théodicée*, Leibniz dit très justement qu'on ne peut vouloir boire tous les jours le meilleur vin du monde, selon lui le vin de Hongrie, ou de Shiras, pas plus qu'on ne peut vouloir sérieusement n'écouter *que* le plus bel opéra, celui de *Cadmus et Hermione*, et ne manger *que* des perdrix. Varier les plaisirs serait tout aussi vain : tel jour, donc, du vin de Hongrie ; tel autre, le plus prestigieux des sauternes ; puis, le troisième jour, un romanée-conti, etc. Un tel rythme peut nous séduire une semaine, mais finira par nous lasser. Car le vin doit rester l'objet d'un désir, et la rareté des satisfactions est l'une des conditions de la qualité et de l'intensité du désir. Il nous faut donc surveiller nos désirs, c'est-à-dire les entretenir, les protéger du temps qui passe, veiller à ce qu'ils ne faiblissent pas, et à ce que leur objet ne pâlisse pas. Le vin, ne l'oublions pas, n'est qu'un désir, jamais un besoin, à part pour celui qui en est dépendant. Tout le monde devrait réfléchir sérieusement, au moins une fois dans sa vie, à cette capitale distinction du désir et du besoin. Recenser ses besoins, par exemple, peut nous apprendre beaucoup sur nous-même et sur l'humanité : nos besoins sont relativement peu nombreux, et nous avons tous les mêmes ; en plus d'être universels, ils sont aussi nécessaires : vivre exige la satisfaction de nos besoins, et ces besoins sont des demandes de notre corps. Les contenter est relativement facile, il suffit de choses simples, comme de l'eau pour étancher notre soif. Le vin n'est donc pas un besoin, mais un désir ; c'est-à-dire ?

Tout d'abord, tous ne désirent pas le vin, beaucoup le détestant ou restant indifférents ; on voit par là que le désir est personnel, individuel, alors que, rappelons-le, le besoin est universel. Reconnaissons, ensuite, que boire du vin n'est pas une nécessité : on pourrait tout à fait s'en passer, et en particulier notre corps pourrait faire sans. C'est notre âme qui désire boire du vin, et il faudra bien, à un moment ou à un autre, se demander pourquoi, car il s'agit, après tout, d'une revendication contingente, artificielle et superflue. Enfin, quand le besoin se contente de peu, le désir, en revanche, choisit soigneusement, fait le difficile : il se portera, par exemple, sur un Haut-Brion 82, ou un Pétrus 89. Aussi est-il extrêmement compliqué de le satisfaire : l'intervention de l'imagination dans l'élaboration du désir le laisse perpétuellement frustré, insatiable, démesuré : jamais content, le désir part continuellement à l'aventure, en quête de sensations inédites. Il n'y a pas un nombre précis de conquêtes féminines qui satisferait Casanova, ce bourreau des cœurs ; il n'y a pas plus une somme définitive qui laisserait le père Grandet, ou le père Séchard, les plus épouvantables avares dépeints par Balzac, enfin tranquilles, enfin apaisés ; de même, l'amateur de vin n'en aura jamais fini avec sa passion : toujours il voudra goûter, toujours il voudra découvrir, qu'il s'agisse de nouvelles appellations, de cépages, de nouvelles techniques de vinification, ou bien encore de millésimes.

Ainsi, boire est un besoin, tandis que boire du vin est en fait un désir. On pourrait donc, en principe, se passer du vin, car notre survie pure et simple n'exige que de l'eau. Et il est vrai que de nombreux systèmes philosophiques nous encouragent à retrouver une vie simple, conforme à la nature, débarrassée du superflu ; de telles sagesses identifient également l'ennemi à combattre : il s'agit du désir. Si nous pouvions repousser une bonne fois pour toutes les offensives du désir, nous atteindrions alors, nous assurent-elles, la fameuse ataraxie, c'est-à-dire cette absence de troubles dans notre âme, cette sérénité, cette paix intérieure qui obsède la plupart des sages de l'Antiquité, et qui pour nous a perdu toute saveur : nous n'y voyons plus qu'une cruelle insensibilité, qu'un avant-goût de la mort. Certes, la principale leçon de ces philosophies reste valable : le désir est incompatible avec le bonheur, car tout désir abrite secrètement en son cœur un sentiment de manque, une attente, une inquiétude, et finalement une forme de souffrance (je mobilise ici les précieuses analyses de Nicolas Grimaldi, dans son *Bref traité du désenchantement*). On ne peut désirer et être heureux en même temps, cela me semble impossible. Être heureux, c'est ne plus rien désirer, non pas parce que l'on a tout, mais parce que l'on a enfin réglé le problème du désir. Entre bonheur et désir il n'y a pas à choisir, car le premier est inaccessible et le second ne se laisse pas évincer. Toute notre vie n'est donc qu'une affaire de désirs qui, je le répète, ne nous rendront pas heureux. Mais au moins nous procureront-ils des sensations, des plaisirs, des joies, c'est-à-dire ces expériences intenses qui nous font sentir que nous sommes vivants, alors que le bonheur nous persuaderait plutôt que nous sommes presque morts.

C'est pour cela que je bois du vin : parce que je ne veux plus passer à côté des plaisirs de la vie, moi qui, à mon âge, regrette déjà les occasions perdues. Je tiens, pour autant, à éviter de sombrer corps et âme dans l'hédonisme : en tant que philosophe, j'estime sincèrement la raison. Vouloir s'en débarrasser, comme on congédie, sur le tard, une vieille maîtresse qui ne nous plaît plus, serait une attitude frivole et indigne. De plus, il y a parfois, dans l'hédonisme affiché par certains, un insupportable goût pour la posture, qui exclut toute sincérité, tout naturel, et qui n'est en fait que la tentative de briller à peu de frais. On veut persuader les autres que notre existence est riche, intense et plaisante, mais cet étalage n'est qu'un cache-misère qui recouvre un profond désespoir. Je n'en suis pas là. Simplement, je mesure la difficulté, ou le paradoxe, qu'il y a, pour un philosophe, à être aussi un amateur de vin. En ma qualité de philosophe, je me dois de faire confiance à la raison : je me fie à elle pour connaître et pour vivre, espérant ainsi être à la fois rationnel et raisonnable. Lors d'une dégustation, j'attends d'elle une analyse lucide, froide et objective du vin que j'ai en bouche. J'espère aussi qu'elle surveillera mon discours qui, dans ce genre de circonstances, devient rapidement métaphorique, et qu'elle me préservera de toute démesure en me rappelant régulièrement qu'il faut rester maître de soi. Mais en tant qu'amateur de vin, j'ai envie de n'être plus qu'un corps qui succombe, avec volupté, devant les sensations ; je veux aussi pouvoir laisser mon imagination s'enflammer par la perspective d'une dégustation ; je souhaite enfin m'installer dans cette douce euphorie qui nous envahit lorsqu'on se laisse glisser lentement vers cet entre-deux qui sépare la sobriété de la griserie. Cette position est certes inconfortable, car quasi contradictoire, même si dans la vie il est des moments bien pires que celui-là. Pourtant, le dilemme persiste : le plaisir ou la raison ? Ou bien encore : faut-il raisonner sur ses plaisirs, au risque de les gâter ?

La certitude de n'être pas le seul à rencontrer cette difficulté me console un peu : tout amoureux du vin s'empêtre effectivement dans cette contradiction qui, après tout, contribue à rendre le vin encore plus fascinant. Une bonne dégustation est presque un petit résumé de l'histoire de la philosophie : tout commence, pour ma part, par une savoureuse cristallisation ; incapable de maîtriser mon imagination, je ne puis m'empêcher de rêver le vin que je n'ai pas encore bu. Je n'y peux rien, c'est plus fort que moi ; cela m'expose, bien évidemment, au désenchantement ; mais il m'est impossible de ne pas idéaliser, de ne pas enchanter les vins que je m'apprête à boire. Tout désir est comme l'otage de l'imagination : c'est elle qui lui parle, en termes élogieux, des êtres ou des objets sur lesquels il va se porter. Vient ensuite la deuxième phase, au cours de laquelle l'amateur de vin doit tendre vers un certain empirisme qui, bien entendu, se double inévitablement d'un sensualisme : il s'agit ici de n'être plus que pure perception, et de se concentrer sur ce que l'on ressent, sur les informations que nos sens vont nous délivrer. On observe, on sent, et on goûte : j'adore ce cérémonial censé nous placer dans les meilleures dispositions pour bien apprécier un vin, et qui, sans doute involontairement, participe à son idéalisation : seul quelque chose de précieux, de rare, de sacré nous paraît susceptible de mériter pareille liturgie, même si le vin passe en fait un impitoyable examen. On sait que la formule « Rien n'est dans l'intellect qui n'ait été auparavant dans les sens » résume l'empirisme ; elle signifie que l'origine des idées ne peut être que sensible, et qu'il faut renoncer à cette chimère des idées innées que l'on doit aux cartésiens. Mais la dernière étape de la dégustation réhabilite la raison, et l'on attend d'elle qu'elle analyse le vin en question : il faut à présent mettre des mots sur ce que l'on a ressenti, pour que le vin bu, ou simplement goûté, devienne une idée. Le but n'est pas d'intellectualiser le vin, mais de varier les plaisirs : de même qu'il y a un plaisir à imaginer, à désirer, et à sentir, il y a un plaisir à analyser un vin et à en parler. Ce moment peut d'ailleurs s'avérer fort drôle, lorsque les commentaires sont inattendus, audacieux, inspirés. Il peut être particulièrement instructif, quand un spécialiste parle et nous dévoile les qualités et les aspects cachés d'un vin. Il peut hélas être insupportable, si le vin n'est plus ici qu'un moyen, et non plus une fin, le moyen de briller, d'afficher sa science et son bon goût.

On attend cependant autre chose de la part d'un philosophe ; il a certes le droit, lui aussi, de tenter de communiquer sa passion du vin. Mais en rester au stade de la passion serait insuffisant. On attend de lui une réflexion, un regard critique sur l'univers du vin : son devoir est de penser, et non de proposer un banal éloge du vin. Je dis bien « penser », et non pas « savoir » ; c'est en amateur que j'écris, et il s'agit d'un titre que je revendique bien volontiers. Mais le sens du mot « amateur » a été si galvaudé qu'il n'est pas inutile de rappeler sa première signification : l'amateur est avant tout *celui qui aime* telle ou telle chose, *celui qui se passionne* pour tel ou tel domaine, avant d'être cet individu méprisé par le spécialiste qui le regarde de haut. L'amateur de vin que je suis veut simplement saisir l'occasion qui se présente pour poser son verre, prendre un peu de recul, et réfléchir sur sa passion au lieu de se contenter de la vivre. La question, dans ces conditions, est d'une désarmante simplicité : pourquoi aimons-nous à ce point le vin ? Pourquoi sommes-nous prêts à faire toutes ces folies pour lui ? On verra, en effet, que le vin nous attire souvent vers un territoire où la raison a été détrônée : est-ce une aliénation ou une libération ? Que vaudrait, de plus, une vie sans vin ? De quoi serions-nous, au juste, privés ? Sans doute d'un inépuisable trésor sensoriel qui réveille notre corps, stimule nos sens, d'où l'idée qu'il constitue une irremplaçable parenthèse au cœur de la réflexion et de la rationalité. Cette pensée sera confortée par un développement consacré à l'imaginaire du vin ; ce dernier nous fait rêver et je ne vois pas quelle autre boisson pourrait ici rivaliser avec lui. Mais pourquoi l'univers du vin est-il inséparable d'une telle dimension imaginaire ? Peut-être parce que le vin est avant tout un désir, et non un besoin. Il nous procure donc des sensations, tout en excitant notre imagination. C'est pourquoi la raison s'est toujours montrée méfiante à son égard. Le vin, évidemment, est la voie royale qui mène vers l'ivresse, une ivresse que la raison réprouve mais dont elle a peut-être besoin. Alors en quoi consiste la spécificité de l'ivresse due au vin et vers quoi va-t-elle nous conduire : la déchéance, l'oubli, ou bien le dévoilement du moi profond ? Ces questions donnent un petit aperçu de la teneur de ce livre dont le principal objectif est d'établir que l'on peut boire et philosopher, et retrouver ainsi le charme d'un certain hédonisme grec, vestige d'un temps où la raison ne s'était pas encore égarée vers l'ascétisme.

Déguster

« Pour noyer la rancœur et bercer l'indolence
De tous ces vieux maudits qui meurent en silence,
Dieu, touché de remords, avait fait le sommeil ;
L'Homme ajouta le Vin, fils sacré du Soleil ! »

Baudelaire, « Le vin des chiffonniers », *Les Fleurs du mal.*

L'inquiétude de la dégustation

Chaque année, c'est la même histoire : je suis pris de l'irrésistible envie d'organiser une dégustation de vin. Ce désir me reprend toujours à l'automne, à mes yeux la plus mélancolique des saisons, loin devant l'hiver. Je crois deviner ce qui me pousse à accomplir régulièrement ce rituel : les vendanges viennent de finir, à part pour quelques blancs moelleux dont les raisins seront récoltés en novembre et en décembre ; il y a des foires au vin partout, et l'on fête le vin nouveau. Je ne veux pas être en reste : il est hors de question d'être spectateur de cette frénésie. Je fixe la date d'invitation : le vendredi 26 novembre, le soir évidemment. Boire seul étant impensable, car bien trop sordide, les noms de deux amis, comme moi amateurs de vin, s'imposent immédiatement : Christophe et Jean-Michel, le premier accompagné de sa ravissante épouse. La mienne est aussitôt contaminée par l'enthousiasme fébrile qui s'est emparé de moi : la composition du repas l'obsède littéralement, au point d'en rêver la nuit. Nous sommes, elle et moi, sur la même longueur d'onde : l'heure est grave ; une dégustation est un événement, et nous voulons être à la hauteur. Malgré l'agitation des préparatifs, je ne puis m'empêcher de songer au paradoxe suivant : cette dégustation entre amis est sans aucune prétention ; il n'est pas question de déguster à l'aveugle, aucun d'entre nous n'étant un véritable spécialiste ; cela devrait suffire, en principe, à évacuer la tension qui est en moi. Cette soirée n'est que l'occasion, finalement, de prendre le plus de plaisir possible ; il n'est pas question, je le répète, d'identifier les vins goûtés : ceux-ci seront présentés dans leur bouteille et l'étiquette ne sera pas masquée. Pourtant, je suis soucieux, apparemment sans raison. Je crois qu'une dégustation est en fait un mélange assez étonnant de plaisir et de sérieux, bref un plaisir sérieux. Un plaisir, car nous sommes tous avides de sensations agréables, et nous comptons sur les vins et les mets pour enchanter nos sens. Du sérieux, car nous aimons et nous respectons le vin ; nous plaçons beaucoup d'espoirs dans cette dégustation, mais nous savons aussi qu'avec le vin, on n'est jamais sûr de rien. Pour ma part, cette dégustation devient une hantise ; je ne cesse de me poser mille questions : à quelle heure déboucher ? Où placer les bouteilles, une fois qu'elles seront ouvertes ? Les odeurs de cuisine ne vont-elles pas nuire aux vins ? Faut-il décanter ? Quels verres utiliser ? Par quoi commencer, c'est-à-dire : dans quel ordre les vins seront-ils dégustés ? Il faut, théoriquement, commencer par le vin le plus modeste, et terminer par le plus prestigieux et le plus vieux ; mais serons-nous encore capables d'apprécier le vin censé être le meilleur quand son tour viendra ? Les mets préparés seront-ils en harmonie avec les vins ? Tel ingrédient ne risque-t-il pas d'être trop fort, et de masquer les arômes et la saveur des vins ? Autant de tourments qui m'assaillent ; j'ai beau me dire qu'il ne s'agit que d'une simple dégustation, cela ne marche pas : je redoute le moindre faux pas, le détail qui tue, la catastrophe imprévisible qui ruinera tous nos efforts. Ce n'est certes que du vin... Mais aujourd'hui, le vin est pour moi la plus précieuse, la plus fragile, la plus raffinée des boissons ; j'ai l'impression que nous nous apprêtons à déguster des trésors inestimables. À vrai dire, je doute autant des vins que de moi : il y a d'abord le risque d'ouvrir un vin trop jeune ou trop vieux, ce qui serait terrible, car irrémédiable ; mais il y a aussi la crainte de n'être pas à la hauteur. En fait, ce qui n'était au départ qu'une simple dégustation sans prétention est en passe de devenir un rendez-vous capital, dramatisé à outrance. Un retour au réel s'impose : il faut que j'arrête d'imaginer ces vins ; je les idéalise, et je me diminue. Inspectons les bouteilles en question, car j'ai besoin de retrouver ma lucidité. J'y parviendrai peut-être en me concentrant sur des informations objectives.

Revenir au réel

Le premier vin me rassure tout de suite : il s'agit d'un vin de pays de la principauté d'Orange. Un vin simple donc, une curiosité, un vin dont j'ignore tout : une véritable découverte par conséquent. Mon imagination est prise au dépourvu ; elle ne sait quelles qualités attribuer à ce vin totalement inconnu. Mais bien vite elle s'adapte : ce vin, me dit-elle, est mystérieux, étrange ; déjà elle me parle de lui. Le deuxième vin est un moulis de 1998 à l'excellente réputation. C'est celui que j'ai extrait de ma cave, les deux autres étant apportés par mes invités. Cela fait quelques années que j'ai ce vin : je l'ai attendu patiemment ; je l'ai souvent regardé, parfois manipulé. Lui aussi est mystérieux, mais je place beaucoup d'espoirs en lui. Cependant, 1998, n'est-ce pas un peu jeune ? Ce vin ne doit-il pas encore attendre ? Mais j'en ai assez d'attendre, je veux du concret, du réel. Au moins, en l'ouvrant je saurai.

Le problème est que je n'ai qu'un exemplaire de ce vin. Que faire ? Allez : j'ouvre, je débouche. Imaginer ce vin fut un plaisir, mais j'attends maintenant des sensations. Le troisième vin m'intimide : il s'agit d'un Haut-Brion de 1993 ; je sais ce qu'en a dit le *Guide Hachette* de l'époque : « exceptionnel », d'où les trois étoiles et le coup de cœur. Ce vin est le fleuron d'une appellation que j'adore : Pessac-Léognan. Il figure tout en haut du classement de 1855. On peut difficilement trouver mieux, à la rigueur un autre millésime. Il doit forcément être bon ; « exceptionnel », a dit le *Guide*... Bizarrement, je repense à Descartes ; mais que vient faire ici l'auteur du *Discours de la méthode* ? Je n'ai pas oublié ce qu'il a écrit à propos des causes de l'erreur ; il y en a deux principales, selon lui : la précipitation et la prévention. Si la première consiste à juger avant d'avoir atteint l'évidence, c'est-à-dire l'idée claire et distincte, la seconde désigne cette persistance des préjugés qui parasitent notre esprit, et qui l'empêchent de juger par lui-même. Devant ce vin, je suis rempli de préjugés, certes favorables, mais il s'agit quand même de préjugés : au sens cartésien, je suis prévenu. J'ai eu le malheur de consulter la critique du *Guide Hachette*, et je m'attends forcément à une merveille. Bien sûr, ce ne sont que des mots, et non des sensations ;

bientôt, j'aurai ces sensations et elles seront bien plus intenses que tous les mots du plus inspiré des œnologues. Néanmoins, ma dégustation est d'ores et déjà faussée ; de plus, me voilà sous la menace de la déception : ne vais-je pas forcément déchanter ? Enfin, je sais plus ou moins à quoi m'attendre, et ce même si les surprises (bonnes ou mauvaises) seront très certainement au rendez-vous : le guide a en effet parlé d'arômes de cassis, de goudron, de cannelle, et de pain d'épice. Autant raconter la fin des romans, autant annoncer aux voyageurs les aventures qu'ils vont vivre…

Bref, ce qui ne devait être qu'un bon moment est en passe de devenir trop sérieux. J'espérais me détendre autour de quelques verres, mais la magie du vin m'a ensorcelé, et me laisse avec mes questions et mes doutes. Le vin n'est jamais, pour l'amateur, pour le passionné, un simple passe-temps, une chose légère, mais une inquiétude. D'où ce paradoxe qui me semble essentiel pour bien cerner l'univers du vin : le vin est un plaisir, mais c'est un plaisir sérieux. C'est la raison pour laquelle il ne s'agit pas de boire, mais de déguster. Quelles différences entre les deux ?

Boire et déguster

Boire est un besoin. Le but est de survivre. C'est notre corps qui veut boire, c'est lui qui réclame, qui exige ; il n'est pas difficile : l'eau lui suffit. Boire est donc un acte banal, c'est notre quotidien ; aussi boit-on fréquemment et mécaniquement : on n'y prête plus attention, la conscience s'est retirée. Cela n'a pas grand intérêt d'ailleurs, au vu de la simplicité des liquides absorbés. Si boire est un besoin, inutile d'attendre, de différer cette action : le temps n'est ici d'aucun intérêt. Il représente, tout au contraire, un danger, car il fait courir un risque au corps. Il faut, par conséquent, se passer du temps : j'ai soif, donc je bois tout de suite, immédiatement, c'est-à-dire sans la médiation du temps. Je ne vois pas en quoi le fait d'attendre serait ici bénéfique ; j'accentuerais certes le manque, et donc la souffrance, et qui sait si, finalement, l'eau ne deviendrait pas également plaisante, en plus de me régénérer ? Mais ce n'est que de l'eau, c'est-à-dire une expérience sensorielle très pauvre. Repousser la satisfaction du besoin, sous le prétexte d'éprouver un soulagement encore plus intense, a quelque chose de cruel, de masochiste ; mais je dois reconnaître que, tout à coup, la frontière entre besoin et désir n'est plus aussi nette. Quoi qu'il en soit, le besoin de boire est, le plus souvent, immédiatement satisfait. J'insiste de nouveau : le temps a ici été quasiment évincé, dans la mesure où nous avalons tout de suite le liquide qui va étancher notre soif. On boit donc, en un instant, sans s'attarder, sans s'appesantir sur ce que l'on boit, sans l'observer, sans le sentir, sans le garder un moment en bouche. Le temps est un obstacle : il ne ferait que prolonger une souffrance. Mais on ne boit pas toujours parce que l'on a soif ; on boit aussi parce qu'il faut boire, parce que c'est bon pour la santé : ici, la boisson est tout aussi banalisée, anonyme ; elle est consommée automatiquement, par habitude ; nos sens ne sont pas sollicités par ce liquide qui ne fait que passer. Certains *boivent* du vin… C'est-à-dire ? Pour eux, le vin est devenu banal, il remplace l'eau. On l'avale aussitôt. Il est tous les jours sur la table, à tel point qu'il se fond dans la masse, on ne le remarque plus. Il est devenu liquide, boisson ; il est devenu de l'eau ; il la remplace et aide à satisfaire un besoin. Triste destin que celui du vin quotidien, changé subjectivement, et non objectivement, en eau, chargée de nous réhydrater. L'alchimie de l'habitude a accompli son œuvre : on le boit machinalement, dans l'indifférence ; il passe, désormais, inaperçu. À peine s'est-on emparé du verre que, déjà, il est bu et avalé : nous traversons alors un désert sensoriel, nous n'avons plus conscience de ce que nous faisons, et pourtant nous le faisons. Telle est la force de l'habitude ; cette seconde nature fait se volatiliser la conscience. On peut toutefois se rassurer en se disant que la conscience n'a pas disparu, qu'elle s'est simplement déplacée, qu'elle se porte, à présent, sur d'autres objets, sur d'autres actions. Mais l'habitude est sans pitié pour tout ce qui peuple notre quotidien et qui lentement, insensiblement, devient transparent, invisible. Tel est le sort du vin quotidien, celui que l'on boit tous les jours, dans une quasi non-conscience, car notre attention a été vaincue par l'habitude. Dès lors, rien de surprenant s'il disparaît petit à petit des tables de la semaine : c'est un fait, on boit de moins en moins, mais on boit mieux. Le philosophe et l'amateur de vin s'en félicitent, mais les vignerons s'aperçoivent qu'ils produisent trop pour des gens qui ne boivent plus autant. C'est le vin quotidien, terriblement banalisé par l'habitude, qui souffre le plus de ce phénomène ; son image de marque ne correspond plus à l'air du temps : le vin de table, c'est-à-dire le vin de tous les jours, ne représente pas pour nous une source de plaisir ; il incarne l'habitude, la routine, mais aussi une production de masse qui privilégie la quantité au détriment de la qualité. De plus en plus, le vin est donc dégusté ; on ne se contente plus de le boire. Mais qu'est-ce que déguster ?

Prendre son temps

Déguster est un désir. On peut d'ores et déjà y voir une forme de libération, car on s'est affranchi des revendications du besoin, donc du corps. Ce désir émane de notre âme : c'est elle qui souhaite déguster du vin. Que cherche-t-elle au juste ? Qu'attend-elle de la dégustation ? Du plaisir, rien que du plaisir. Déguster est donc un désir dont le but est le plaisir. Cela doit rester un petit événement : sa rareté est essentielle pour préserver son intensité. Mais le plaisir n'exclut pas le sérieux, et sait bien qu'un peu de gravité est indispensable. Si le plaisir est le but, le moyen d'y parvenir est l'attention, la concentration, le respect de certaines règles bien précises, bref le sérieux. Il s'agit de déguster *un* vin, et non *du* vin ; je veux dire par là qu'il faut s'entourer de toutes les précautions qui nous placeront dans les meilleures conditions pour une rencontre forcément neuve, inédite. Ce vin est singulier ;

c'est un vin bien précis, bien particulier ; le but de la dégustation est de cerner cette singularité, de comprendre ce qui fait l'originalité, l'identité de ce vin. Mais comment faire ?

On peut, bien évidemment, tenter d'acquérir un savoir, des connaissances, lire des guides, fréquenter des spécialistes, s'inscrire à des « stages de dégustation » ; tout cela est très formateur et enrichissant. Mais je crois que l'essentiel est le temps. Finalement, il s'agit avant tout de prendre son temps, de laisser du temps à nos sens et au vin pour qu'ils puissent se rencontrer. Après tout, rien ne presse : c'est le week-end, ou encore le soir, on est tranquilles, entre amis car, je le répète, la dégustation ne saurait être un plaisir solitaire. Le premier travail consiste à bien comprendre cela : on a changé de temps ; ce n'est plus le temps du travail, de l'emploi, mais le temps du loisir. Certains, cependant, n'y arriveront pas, ou difficilement ; ils s'empareront fébrilement du verre et le boiront d'un trait, ou en plusieurs fois, mais sans parvenir à s'accorder ce petit délai qui change tout. Pour moi qui ne puis concevoir que l'on recrache (j'y vois une espèce de crime esthétique), l'essentiel est de repousser le plus possible le moment où j'avalerai le vin. J'essaie donc de ralentir le temps, de l'étirer, de manière à laisser à mes sens l'opportunité de détecter les qualités de ce cru. L'acte de recracher m'a toujours déplu ; je sais bien quelle est sa fonction : rester lucide, maître de soi, déguster le plus longtemps possible en évitant l'ivresse. Je vois bien, par ailleurs, que cet acte symbolise une sorte de victoire sur les besoins du corps, car ce vin ne sera pas bu, mais dégusté, ce qui devrait, en principe, me réjouir. Mais je n'y arrive pas : j'ai l'impression d'offenser le vin, et je crois en outre, de façon il est vrai totalement irrationnelle, que faire descendre cette boisson dans mon corps, dans mon sang, m'apportera un plaisir supplémentaire. L'amateur de vin, j'en suis sûr, me comprendra. L'essence d'une bonne dégustation est donc le temps, ce temps que l'on parvient à s'accorder, et qui rend hommage au vin.

Le souci du détail

L'arrivée de mes invités interrompt mes réflexions : la dégustation peut commencer. Apparemment, je suis le seul à éprouver perplexité et irrésolution. Ils décident de débuter par le vin de pays et de décanter le Haut-Brion. Ma nature profondément sceptique ne peut manquer d'admirer secrètement une telle assurance. Le vin est versé dans des verres de type Inao, car leur forme se prête mieux aux exigences de la dégustation ; c'est le genre de petit détail qui montre bien que le vin est un plaisir sérieux. Le verre ne doit surtout pas être trop rempli, encore moins à ras bord, et ce pour au moins deux raisons : tout d'abord, la manipulation du vin serait compromise, voire impossible ; de plus, un tel geste, en privilégiant la quantité à la qualité, a quelque chose de vulgaire ; or personne n'est là pour boire beaucoup, bref pour s'enivrer, mais pour prendre du plaisir à goûter des vins de qualité. En accord avec les conseils de je ne sais plus quel guide, nous remplissons à peine les verres, entre un tiers et la moitié. Pas question d'avoir la main trop lourde ; cette simple retenue est, elle aussi, caractéristique de ce rituel qu'est la dégustation. En faisant preuve d'une telle minutie, d'un tel souci pour le moindre détail, nous regardons le vin comme une boisson précieuse, raffinée, qui exige elle-même des êtres à sa hauteur, et non d'épouvantables ivrognes. Je veux dire par là, et cette idée sera approfondie plus loin, que la passion du vin est peut-être ambiguë : qui sait si, finalement, le vin ne devient pas l'occasion, pour le sujet, de se mettre en valeur, de bien montrer qu'il a triomphé de la tyrannie des besoins, et qu'il s'est élevé au stade supérieur du désir, du plaisir, bref qu'il est un esthète ? La finalité d'une dégustation, outre le plaisir, est de décider si un vin est de bonne, moyenne, ou mauvaise qualité ; mais la rencontre avec un très grand vin s'apparente bien souvent à la contemplation esthétique, c'est-à-dire la contemplation d'une œuvre d'art. Le contemplateur a ainsi l'opportunité de passer pour un esthète, ce qui n'est pas désagréable.

Contempler

À peine apparue, cette réflexion s'évanouit aussitôt : je suis servi. Il s'agit maintenant de prendre tout son temps, et de laisser à mes sens le délai dont ils ont besoin. D'abord, ce vin est à regarder ; je contemple sa robe, ses nuances, son intensité, son éclat. Mais l'éclairage tamisé du salon, s'il contribue à donner à la pièce une certaine atmosphère, ne se prête guère à ce jeu. J'hésite entre plusieurs teintes, en fonction de la position de mon verre par rapport aux différentes sources de lumière. La prochaine fois, il faudra veiller à ce détail, qui est en fait une étape capitale de la dégustation. « Veiller à ce détail », « veiller au moindre détail », tout l'esprit de la dégustation est là… Il ne saurait être question de boire n'importe comment ! Il y a un plaisir à contempler la robe d'un vin, et sauter cette étape nous priverait non seulement d'informations, mais aussi d'une sensation agréable. De plus, le désir se voit contraint de patienter, ce qui, en principe, l'excite davantage. Dans l'un de ses poèmes – « Les pas » –, Paul Valéry dit à celle qui s'apprête à le rejoindre pour faire l'amour de ne pas se presser, car l'espérance d'un plaisir est déjà un plaisir ; il entend bien profiter de tous les plaisirs, un par un. Le buveur pressé n'a sans doute pas conscience d'être passé à côté d'un plaisir purement visuel : il faut lui expliquer qu'un vin est d'abord à regarder.

Vient ensuite l'examen olfactif, mon étape préférée. J'adore, en effet, ce moment car c'est là que le vin se découvre dans toute sa complexité, dans toute sa richesse. Parfois, il me semble que l'on pourrait d'ailleurs s'arrêter là, c'est-à-dire ne pas boire ce vin, et donc se contenter d'apprécier son bouquet. J'exagère, bien évidemment. Mais cette réflexion indique bien que cette seconde étape est peut-être la plus intéressante, car la palette aromatique sera toujours plus vaste, plus étendue, plus diversifiée que la gamme des saveurs. Il est donc absolument capital de faire tourner le vin dans son verre afin d'exhaler les arômes qui vont ainsi jaillir. J'ai, à ce propos, contracté un tic comique : on me fait très souvent remarquer que je fais tourner toutes les boissons, et pas seulement le vin, qu'il s'agisse de sodas, de jus de fruits, voire d'eau, ce qui, dans ce dernier cas, est assez lamentable, j'en conviens. J'aime beaucoup ce geste ; mais force est de constater que je ne le contrôle plus vraiment. Il n'est pas surprenant, dans ces conditions, que cette seconde étape de la dégustation soit aussi la plus longue : pourquoi vouloir, en effet, abréger cet examen ? Pourquoi vouloir d'un plaisir éphémère, fugitif, quand il est si facile de le faire durer un peu plus ? Parce que nous croyons qu'un vin est d'abord à boire, surtout à boire, que l'essentiel est là, et que tout ce qui retarde la prise en bouche est du temps perdu. Grave erreur car, encore une fois, il y a plus à découvrir, me semble-t-il, dans l'examen olfactif que dans l'examen gustatif.

À chacun sa vérité ?

Découvrons, justement, le bouquet du Haut-Brion 1993. Je n'ai pas repéré les arômes dont parlait la critique élogieuse du guide ; je n'ai détecté ni le cassis, ni la cannelle, ni le pain d'épice. Je me suis, en revanche, approché de ce fameux goudron qui, paraît-il, est caractéristique de ce vin. En fait, j'ai surtout eu l'impression d'une extraordinaire richesse aromatique mais dont les différents éléments étaient fondus tous ensemble, ce qui compliquait la tâche de les identifier. Peut-être dois-je travailler encore, me former davantage, m'entraîner plus souvent à la dégustation. Mais, en ma qualité de philosophe, je me dois d'aborder le point suivant : les arômes en question étaient-ils effectivement présents dans le vin ? S'agit-il de qualités objectives, c'est-à-dire essentielles, réelles, ou bien nageons-nous en pleine subjectivité ? Il est un peu facile, en effet, de stigmatiser l'inexpérience du dégustateur, et de le tenir personnellement responsable de l'échec dans la détection des arômes annoncés. Le vin est avant tout une expérience sensible : je crois que tous le concéderont. Mais la conséquence de cette idée est capitale : en plus d'être une expérience sensible, le vin est aussi une aventure subjective. Dans ces conditions, il importe d'élucider le point suivant : parmi les différentes qualités d'un vin, quelles sont celles qui sont objectives, et quelles sont celles qui dépendent uniquement de la sensibilité du dégustateur, ou encore de sa personnalité ? Bref, y avait-il effectivement de la cannelle (par exemple) dans le bouquet du Haut-Brion 1993 ? Si l'on répond par la négative à cette question embarrassante, il restera à déterminer la provenance de cette impression. Mais pourquoi pareille question serait-elle embarrassante ? Je crois qu'en montrant l'importance de la part subjective, on diminue d'autant la part objective. Je veux dire par là que le vin, que *tout* vin, risque de sortir appauvri d'une telle méditation, car celle-ci montrera peut-être que la richesse réside davantage dans l'intériorité et dans la sensibilité du dégustateur que dans les qualités objectives de ce breuvage. Mais qui sait si une telle remise à niveau n'est pas nécessaire dans la mesure où l'univers du vin est trop facilement enchanté par le travail de l'imagination ?

Les limites de l'objectivité

Avant de tenter de trancher cette question, il est bon de donner un peu de sens aux mots que je vais employer. C'est surtout la distinction subjectif/objectif, centrale ici, qu'il s'agit d'éclaircir. « Subjectif » renvoie, bien évidemment, au sujet ; un jugement est subjectif quand, en plus, d'émaner de tel individu, il reflète, il exprime les pensées, les préférences, les goûts, ou encore l'univers propre à cet individu, qui s'est donc personnellement engagé dans ce jugement, et ce même si cet engagement peut très bien être involontaire. La subjectivité est donc l'impossibilité d'en rester aux faits, l'interprétation personnelle que l'on fait des faits. Le discours subjectif se traduit, en outre, par une approche des faits qui est plus qualitative que quantitative, d'où sa valeur individuelle et non universelle. Reprenons l'exemple du Haut-Brion ; être objectif face à ce vin, ce serait se contenter de l'identifier, de rappeler des faits indiscutables comme : son nom (Château Haut-Brion), son appellation (Pessac-Léognan), son millésime (1993), son ou ses cépages, son classement parmi les premiers crus, la nature du sol, la technique de vinification, etc. Une telle description est objective, car le sujet s'est effacé devant les faits. Elle a donc une valeur universelle, c'est-à-dire que n'importe qui devrait la reconnaître, à moins d'être de mauvaise foi. Il est évident que lorsqu'on dit d'un vin qu'il est « exceptionnel », on n'est plus objectif, mais subjectif. Un tel jugement n'engage alors plus que celui qui le formule. Mais quand, du même vin, on avance qu'il possède « une longue finale poivrée » (critique du *Guide Hachette* 1997), on comprend tout de suite qu'il ne sera pas aussi facile de déterminer si ce jugement est objectif ou subjectif.

L'essence d'un vin

J'étais un peu déçu, c'est vrai, de n'avoir pas détecté les arômes et les saveurs annoncés, et j'ai bien failli m'accuser d'amateurisme, cette fois au mauvais sens du terme. Mais un passage de Descartes (encore lui) m'a rapidement rassuré. Dans la *Seconde méditation*, c'est-à-dire l'un des textes les plus célèbres de toute l'histoire de la philosophie, Descartes s'interroge sur ce qu'est l'essence de la matière. Mais la matière étant quelque chose (est-ce d'ailleurs quelque chose ?) de bien trop abstrait, il se tourne vers un échantillon de matière, un simple morceau de cire. Comment savoir ce qu'est ce morceau de cire ? Le mieux est peut-être, se dit Descartes, de faire confiance à ses sens, et d'examiner ce que chacun peut nous délivrer comme information sur la cire. Nous avons cinq sens. Il y a des animaux qui en ont moins. On peut conjecturer que certaines espèces ont d'autres sens que ceux que nous possédons : pourquoi, en effet, s'arrêter à cinq ? Mais on ne peut rien dire sur ces éventuels autres sens des animaux. Enfin, tout le monde sait bien que l'acuité des sens des animaux est parfois supérieure à la nôtre. À la différence de Prométhée, je crois cependant que nous pouvons nous estimer correctement dotés. Descartes a donc raison, dans un premier temps, de confier à nos sens la mission de connaître la cire. Chaque sens est mobilisé et apporte une information : la cire a telle odeur, telle saveur, telle couleur, etc. Le problème est maintenant de savoir ce que valent ces informations, ou encore ces qualités ? Sont-elles essentielles ou accidentelles ? Sont-elles objectives ou subjectives ? Et surtout : connaître, est-ce percevoir ? En approchant la cire du feu, Descartes s'aperçoit que toutes les qualités révélées par ses sens changent, se modifient. Qu'en conclure ? L'essence d'un être, ou d'une chose, n'a rien à craindre, en principe, d'une variation de la distance par rapport à une source de chaleur. L'essence doit durer, être permanente, sinon elle n'est pas l'essence, mais un simple accident identifié à tort comme essentiel. Les qualités sensibles de la cire n'étaient donc pas des qualités essentielles, premières, mais des impressions subjectives : tel individu a perçu tel objet de telle façon ; rien d'objectif là-dedans, et la cire n'est finalement, essentiellement, qu'un corps, c'est-à-dire quelque chose d'étendu que l'on va pouvoir mesurer.

C'est la même chose pour le vin : les arômes et les saveurs sont subjectifs. On n'a pas ajouté du poivre, de la cannelle, ou encore du pain d'épice dans les fûts où dormait le Haut-Brion. Certains, pourtant, les repèrent. Soit. Mais d'autres, non. Qu'en conclure ? Les uns ont-ils raison, les autres ont-ils tort ? Non, il n'y a pas une vérité du vin ; il y a des interprétations, forcément personnelles, forcément subjectives. Chacun, à partir de l'acuité de ses sens, et donc de son corps, mais aussi à partir de son histoire personnelle, de son propre vécu, de son imagination, et donc de son âme, fait une épreuve singulière, subjective, du vin qu'il déguste.

Goûter

Descartes m'a donc rassuré. Débarrassé de mon inquiétude, je peux maintenant savourer tranquillement mon vin. C'est la troisième étape de la dégustation : l'examen gustatif. Pour beaucoup, cette ultime étape est en fait la seule, les deux premières ayant été rapidement contournées et laissées de côté, tant le prestige de la bouche est grand. Il faut combattre cette désastreuse précipitation qui ignore la robe et le bouquet des vins. Il ne s'agit pas de retarder inutilement un plaisir (encore que… l'attente d'un plaisir peut être délicieuse), mais de diversifier les plaisirs, de multiplier les sensations en sollicitant d'autres sens que le goût. L'empressement à prendre un vin en bouche est-il justifié ? Est-ce vraiment l'apothéose de la dégustation ? Bref, avons-nous gardé le meilleur pour la fin ? Je n'en suis pas si sûr dans la mesure où, comme chacun le sait, il n'y a que quatre saveurs élémentaires (l'amer, l'acide, le salé et le sucré). On est loin, par conséquent, de la variété des arômes. Mais un quatrième sens, plutôt inattendu, fait finalement son apparition inopinée lors de l'examen gustatif : il s'agit du toucher. Cela peut paraître étrange, mais l'idée est pourtant indiscutable : en plus d'être regardé, senti, et goûté, le vin est aussi touché. Après tout, il y a contact direct avec plusieurs zones de la bouche, d'où l'importance de bien faire « circuler » un vin, quitte à renoncer à un certain raffinement ; on offre en effet, à cette occasion, un spectacle un peu grotesque et qui, de plus, peut être sonore si l'on aspire un peu d'air pour oxygéner le vin. Mais les sensations sont à ce prix. Dans une bouche, il y a un palais, ainsi qu'une langue ; sur cette langue se trouvent des papilles ; il faut laisser à ces différentes parties de la bouche le temps de recueillir des informations et des sensations ; avaler immédiatement, c'est insulter le vin ; c'est boire brutalement, mécaniquement, bêtement. C'est boire pour boire, alors que l'objectif, ne l'oublions jamais, est le plaisir, sous toutes ses formes. Le toucher, comme le goût, contribue donc à découvrir les secrets d'un vin. Mais les qualités recueillies m'ont toujours paru extrêmement floues. En outre, je me demande dans quelle mesure l'ouïe n'est pas, elle aussi, sollicitée lors de la dégustation… Certes, une telle remarque est un peu tirée par les cheveux ; mais que serait l'univers du vin sans le son que produit l'extraction du bouchon ? De même, le « glouglou » du vin que l'on sert lorsque la bouteille est pleine a un charme incomparable : c'est la chanson du goulot. Enfin, l'ouïe est incontournable pour tous les vins pétillants, au premier rang desquels figure le champagne.

Boire et se taire ?

Il m'est difficile de plaquer des mots précis sur des sensations aussi diffuses. Ce n'est donc pas un hasard si, lors de cette troisième étape de la dégustation, le vocabulaire employé devient particulièrement métaphorique. Si je dis d'un vin du Sud-Ouest, d'un madiran, par exemple, qu'il est charpenté, ou encore viril, il semble clair qu'il y a, tout à coup, un certain laisser-aller qui s'installe dans mon discours ; mais comment faire autrement ? Renoncer au plaisir de parler d'un vin n'est pas la solution ; il faut prendre acte de cette difficulté aux accents très bergsoniens. Bergson est en effet le penseur qui a le plus insisté sur les insuffisances du langage, sur sa trop grande généralité qui ne peut restituer fidèlement la singularité des choses, des sensations, des états d'âme. On trouve donc les mots que l'on peut, mais on sent bien qu'il subsistera toujours un écart, un décalage, entre ce qu'est réellement ce vin et la description que l'on peut en faire. Peut-être faudrait-il, après tout, boire en silence, et donc se taire ; cette fois, ce n'est plus Bergson, mais Pyrrhon qui s'invite à la table de la dégustation. Pyrrhon a dit (et cela aurait dû constituer, en principe, son dernier acte de langage) qu'il faut se taire pour atteindre la sérénité. L'aphasie conduit à l'ataraxie. S'il faut se taire, c'est parce qu'il n'y a rien à dire, ou encore parce que tout et son contraire peut être dit sur n'importe quel sujet, et le langage n'est donc qu'un bavardage inutile, vain. Pendant cette dégustation, je n'ai quasiment rien dit sur le vin lui-même : il m'a semblé que les mots n'allaient pas, ne parvenaient pas à décrire précisément ce que je ressentais. J'ai eu, de surcroît, l'impression que jamais je ne parviendrai à atteindre le cœur, l'essence, des vins goûtés.

Surface et profondeur

Malgré tous mes efforts, je suis resté à la surface de ces vins, incapable de plonger dans leur profondeur. Je sais que ces vins ne sauraient se résumer à l'expérience que j'ai faite d'eux, c'est-à-dire qu'ils ont d'autres qualités, d'autres particularités, qui sont pour moi d'inviolables secrets. Incapable d'aller au-delà du simple phénomène, j'ai erré à la surface, à l'extérieur de ces vins dont le cœur est resté impénétrable. Je pourrais raconter les vins tels qu'ils me sont apparus, mais j'échouerai toujours à dire ce qu'ils étaient réellement, profondément, essentiellement. Sans doute en va-t-il de même de toutes les autres choses que l'on cherche à connaître : elles nous apparaissent sous tel ou tel aspect, et il serait bien téméraire de soutenir qu'il n'y a rien au-delà de ce simple point de vue. Cette méditation, qui cette fois a des accents kantiens, ne doit pas nous abattre. Certes, on ne connaîtra jamais ce vin tel qu'il est en soi, mais seulement tel qu'il nous apparaît dans une expérience forcément subjective ; mais j'ai eu ma part de sensations, j'ai eu ma dose de plaisirs, et je n'attendais rien d'autre, finalement, de cette dégustation. Un dernier scrupule, cependant, m'envahit : comment puis-je savoir qu'il y a, au-delà du vin tel qu'il m'est apparu, un vin en soi, une sorte d'inaccessible essence ? Comment puis-je supposer l'existence d'un quelque chose dont je ne puis faire la moindre expérience ? Croire qu'il y a, derrière le phénomène qui s'offre à nous, une réalité ultime des choses, n'est-il pas finalement qu'une simple hypothèse métaphysique, une simple croyance ? C'est, paraît-il, la leçon la plus profonde de l'ontologie pyrrhonienne : il n'y a que l'apparence, rien au-delà d'elle, rien derrière elle, une apparence pure.

Les plaisirs de la vie

On le voit, cette dégustation s'est, pour moi, changée en méditation philosophique sur le vin. Elle fut donc source de réflexion, mais aussi de plaisirs sensoriels. Les vins en question ont été dégustés, et pas seulement bus. Un petit repas avait été préparé pour les accompagner. Il s'agit d'une légère incartade par rapport au fameux *symposium* antique au cours duquel, paraît-il, on ne faisait que boire, et éventuellement philosopher. Les mets servis ce soir-là étaient-ils en harmonie avec les vins ? Non, pas vraiment, et il faudra, une prochaine fois, traiter sérieusement cette question. Peu importe, après tout, l'indignation des puristes, car je crois pouvoir dire que nous nous sommes régalés.

Je suis un homme du Sud-Ouest. Comme la plupart des gens qui vivent dans cette région, ma boussole intérieure indique le sud ; je suis mystérieusement attiré par l'Espagne qui est à nos portes. J'aime les vins espagnols, en particulier ceux d'Andalousie, et ma préférence va à un vin incroyable, insensé, incomparable : le pedro-ximenez-viejo. C'est un vin sombre, à la robe presque noire, mais dont les bords du disque proposent des nuances ambrées, dorées. Son bouquet est somptueux, mais je ne peux trouver, hélas ! les mots justes pour le décrire ; c'est à peine s'il évoque des arômes connus comme le pruneau. En bouche, il se révèle épais, lourd, liquoreux, chargé, que dis-je : saturé en sucres. Je n'ai jamais rien bu d'aussi doux. J'aime aussi la gastronomie espagnole, presque aussi séduisante, me semble-t-il, que celle de mon pays. Les tapas, ou encore les *pintxos*, figurent parmi les spécialités les plus connues de cette cuisine. Il s'agit, pour les non-initiés, de petites portions servies sur une tranche de pain (le plus souvent) et que l'on déguste dans les bars, directement au comptoir. Notre repas fut composé de tapas, élaborées par mon épouse. Il y avait, notamment :

Dans une feuille de brick passée à la poêle, un peu de foie gras sur une compote d'oignons, de pommes, et de raisins secs, compote réduite au porto.

Sur une tranche de pain d'épice « fait maison », une confiture d'oignons, surmontée de foie gras.

Toujours sur du pain d'épice, une tranche de fromage de chèvre, couronnée de confiture d'oignons.

Sur de petites crêpes, un peu de roquefort et un cerneau de noix.

Sur une tranche de pain frais, un petit morceau de *lomo*, accompagné de fromage de brebis, d'une crème de poivrons (*piquillos*), et d'une demi-olive noire.

Enfin, toujours sur du pain : du fromage de chèvre, miel, noix.

En dessert, un merveilleux gâteau au chocolat mi-cuit et, en guise d'apothéose, le vin qui, en principe, s'accorde le mieux avec un tel dessert : un banyuls, acheté à Collioure, et qui depuis quelque temps trépignait dans ma cave.

Je ne pense pas que l'ascétisme puisse nous rendre heureux. Tous ceux qui se sont engagés dans cette voie extrême, et qui ont voulu en finir avec le désir, se sont fourvoyés. Admettons, mais je n'y crois pas un seul instant, que certains aient réussi à ne plus rien désirer ; ce n'est pas le bonheur qu'ils ont atteint, mais cette ataraxie, si fameuse dans l'Antiquité, c'est-à-dire cette insensibilité censée nous rendre sereins. S'ils tentèrent d'abolir en eux le désir, c'est sans doute parce qu'il était, pour eux, synonyme de manque, d'inquiétude, de souffrance, et qu'il nous exposait régulièrement à la déception. Il y a là quelque chose de vrai, à savoir une certaine incompatibilité entre le désir et le bonheur. Mais je crois qu'il y a mieux, dans la vie, que le bonheur ; il y a le plaisir, la joie, la passion, et même le désir. Toutes ces expériences ont beau être ponctuelles, fugitives, éphémères, elles ont une intensité et une saveur que le bonheur n'aura jamais.

Le vin est un cadeau, un cadeau des dieux, en particulier de Dionysos. Un tel cadeau ne se refuse pas…

S'ENIVRER

« Dis-toi bien que si quelque chose devait m'manquer, ce s'rait plus l'vin, ce s'rait l'ivresse. »

Jean Gabin à Suzanne Flon,
son épouse, dans *Un singe en hiver.*

La vacuité de l'ennui

Dimanche 1er août 2004, le matin : je suis sur la plage de la côte des Basques, à Biarritz, avec quelques amis. Il fait un temps magnifique. La mer est calme et la marée est basse. Même s'il est encore très tôt, nous nous sommes déjà baignés, car il fait chaud. Il n'y a rien de spécial à faire : aucune activité n'est prévue, et le soleil de plomb décourage rapidement la moindre velléité. Nous savourons pleinement ce moment magique de pure oisiveté. Le cadre est splendide : à ma droite, sur son rocher, la villa Belza, c'est-à-dire la folie architecturale la plus mythique de Biarritz. À ma gauche, toute la Côte basque, de Bidart jusqu'à Fontarabie. Un site merveilleux qui, bien souvent, m'a hypnotisé pendant de longues heures. Mais pas aujourd'hui, bizarrement. Très vite, en effet, notre oisiveté se change en ennui, c'est-à-dire un tête-à-tête avec du temps pur, du temps vide.

Pourtant, j'estime l'ennui : j'y vois une forme de liberté. Je me dis que s'ennuyer est plutôt bon signe, c'est l'indice que l'on est libre. Aussi ai-je pu cultiver, parfois, l'art difficile de s'ennuyer. Mais, en ce jour d'été, la vacuité de l'ennui ne m'attire pas ; j'ai envie de faire quelque chose, et si possible quelque chose d'intense. Mais quoi ? Je ne pensais pas du tout au vin jusqu'à ce que l'un d'entre nous fasse remarquer au groupe que c'est aujourd'hui la fête du Jurançon à Monein. Je me souviens très bien du silence qui a suivi cette remarque... Nous nous sommes tous regardés, et nous avons, intérieurement, pesé le pour et le contre : toute une journée à la plage, avec le risque de la lassitude, ou bien la fête à quatre-vingts kilomètres d'ici ? Un argument décisif fait pencher la balance en faveur de la fête du Jurançon : nous nous sommes déjà baignés... Tous les sophistes du monde ne peuvent rien contre cela : la baignade à la côte des Basques est du déjà vu, tandis que Monein, pourtant une paisible petite bourgade du Béarn, se pare, tout à coup, d'un irrésistible parfum d'aventure. La décision est rapide et unanime : nous partons ! Pas de temps à perdre : les producteurs locaux ne pourront plus proposer leurs vins après quatorze heures. La course contre la montre, c'est-à-dire contre le temps, commence : ce temps qui, il y a peu, me semblait interminable, vide, est maintenant trop court, car il déborde à présent d'espoirs et de projets.

Socrate à Monein

L'heure de route qui nous sépare de Monein est meublée par des discussions. Elle est aussi propice à quelques réflexions. Pourquoi allons-nous là-bas ? Pour déguster du jurançon, cela semble évident ; et la qualité de ce vin justifie à elle seule un tel déplacement. C'est, en effet, un excellent vin blanc qu'il me semble inutile de présenter. Disons simplement qu'il s'agit du moelleux et non du sec. C'est le genre de vin auquel je ne résiste pas : dans ma hiérarchie personnelle, il figure en bonne place aux côtés d'autres merveilles comparables, comme le pacherenc du Vic-Bilh et le muscat de Rivesaltes. Mais derrière cette dégustation de jurançon, je crois qu'une beuverie s'avance, à peine masquée : je connais par cœur les lascars qui m'accompagnent, et je sais bien que cette virée dans le Béarn n'est finalement qu'un beau prétexte pour se soûler. Se soûler avec élégance certes, un verre de jurançon à la main, mais se soûler quand même. Allez, je fais comme si je ne me doutais de rien, et je me laisse porter par le cours des choses. J'ai trente-six ans : je suis déjà tombé maintes fois dans ce genre de traquenards, et l'expérience acquise devrait me permettre de gérer sans trop de problèmes cet événement qui, de toute façon, n'est pas une épreuve, mais un plaisir. Mais lorsqu'il m'arrive d'aller au-delà de la mesure, ma conscience a besoin de se trouver des excuses, des alibis ; en général, je rends la folie des autres responsable de ma chute : tout se passe comme si j'étais entraîné, malgré moi, dans un tourbillon orgiaque, alors qu'en fait je suis le premier partant pour ce genre d'équipées. Un jour, il faudra, une bonne fois pour toutes, en finir avec ce fond de culpabilité, ce vestige d'ascétisme. Platon, après tout, nous rappelle, dans *Le Banquet*, que Socrate buvait, et qu'il surpassait tous les autres dans cet exercice. Mais personne, paraît-il, n'a jamais vu Socrate ivre : toute la différence est là. Je crains, pour ma part, de n'être pas aussi fort, aussi imperturbable que Socrate. Quelques passages du *Banquet* me reviennent en mémoire, alors que nous nous approchons de Monein : la veille de la fête organisée par Agathon, une beuverie a déjà eu lieu ; Socrate n'y était pas ; ce n'est que le lendemain qu'il arrive chez Agathon, le dernier, en retard ; il constate alors que tous les autres ont ce qu'il est convenu d'appeler « la gueule de bois ». Il boira toute la nuit, comme les autres, mais sera le seul à pouvoir repartir au petit matin, comme si de rien n'était, alors que ses compagnons sont, pour la plupart, dans un état lamentable. Ceci est à méditer : le vin a coulé à flots durant cette soirée mémorable, mais Socrate n'a jamais été ivre. Tous les autres, Alcibiade en tête, sont allés au-delà de la limite, et ont versé dans la démesure. Socrate est resté maître de lui sans jamais pourtant refuser le moindre verre. Est-ce l'idéal à atteindre ? Pourquoi pas. On évite à la fois l'ascétisme et l'ivresse, on boit tout en conservant la maîtrise de ses pensées, de ses paroles, de ses actes. N'est-ce pas merveilleux ? Je n'en suis pas si sûr... Néanmoins, ces anecdotes relatives à la tempérance de Socrate ont le mérite de me faire prendre conscience de la situation dans laquelle je me trouve : je suis philosophe. *A priori*, je suis un être rationnel et raisonnable qui, de plus, est censé se connaître. Je vais pourtant à Monein, boire du jurançon, et probablement m'enivrer. Pourquoi ? Serais-je écœuré de la raison ? Qu'attends-je, au juste, de cette journée ? Que vais-je noyer dans le vin ? Et tous ces gens qui, comme moi, vont boire sans modération : que cherchent-ils ? L'alibi du plaisir ne tient pas. Il est certes très agréable de boire un jurançon bien frais au mois d'août ; mais pourquoi en boire une dizaine, voire plus ? Je crois que seul le premier verre sera véritablement apprécié, ou encore dégusté ; les autres s'enchaîneront, mécaniquement. Aurions-nous plus envie d'alcool que de jurançon ?

Le sens de la fête

L'ivresse est peut-être bien le véritable but de notre expédition et, qui sait, de la présence de tous ces gens. Mais cette lecture de l'événement est sans doute excessive : il s'agit, avant tout, d'une fête, de faire la fête, une fête en l'honneur du vin local, et non d'une beuverie généralisée. Celle-ci est d'ailleurs programmée pour la semaine suivante, à l'occasion des fameuses fêtes de Bayonne. Mais quelle est, finalement, la fonction de la fête, de toute fête ? Il y a en nous quelque chose qui, en principe, fait notre grandeur, et nous distingue des animaux : il s'agit de la conscience de soi, c'est-à-dire de cette pensée que le moi possède de sa propre existence. Nous seuls sommes capables de dire « moi, je » ; nous seuls savons que nous existons ; nous seuls savons que nous sommes mortels. Ce terrible privilège est en fait un effroyable fardeau, et beaucoup aimeraient s'en débarrasser, c'est-à-dire abdiquer la conscience de soi, bref ne plus penser. Pascal semble convaincu que tout ce que nous faisons est en fait destiné à éviter ce face-à-face avec nous-même ; tout, y compris une dégustation de vins, ou encore la philosophie elle-même si elle n'est pas une méditation sur l'existence. La fête est tout simplement le moyen le plus intense que nous ayons trouvé afin de désorienter, momentanément, la conscience de soi. Comment y parvenir ? Comment faire pour être davantage conscient de tout ce qui nous entoure plutôt que du moi lui-même ? Comment détourner le faisceau de la conscience vers l'extérieur ? La fête s'y emploie, à l'aide des conditions suivantes qui, cependant, ne sont pas toutes nécessaires. Le nocturne, par exemple, n'est pas rigoureusement indispensable même si beaucoup de fêtes ont lieu la nuit. À Monein, c'est sous le brûlant soleil de midi qu'elle se déroule, ce qui, au début, est assez étrange. La présence d'une foule est recommandée : il suffit de songer à la situation pathétique de celui qui voudrait faire la fête tout seul… Deux est un minimum, comme dans le film *Un singe en hiver*, mais il faut vite oublier, grâce à l'alcool, ce chiffre dérisoire. Il faut du bruit, parce qu'on ne peut concevoir une fête silencieuse. En Espagne, durant la semaine sainte, j'ai vu des processions s'arrêter régulièrement sur leur parcours et instaurer un silence impressionnant qui neutralisait complètement la fête. Il faut de la musique, ou encore des rythmes, qui permettront de danser, de chanter, et qui, par le vacarme occasionné, empêcheront toute discussion sérieuse. Je crois qu'il s'agit exactement de décourager tout sérieux, toute gravité, n'admettre que les banalités, les plaisanteries, les bagatelles. S'il faut crier pour se parler, on n'abordera forcément que des sujets légers. Enfin, il faut de l'alcool, de préférence des alcools qui ne nous soûleront pas trop vite, du vin par exemple, ou cette épouvantable bière que l'on sert dans ce genre de fêtes. Quel est, alors, le résultat obtenu ? Celui qui était escompté, c'est-à-dire une mise entre parenthèses de la conscience de soi, un moi qui s'est oublié, qui s'est perdu de vue, et qui est noyé, englouti, dans cette foule exubérante. L'individu disparaît, ou presque, anéanti dans cette unique substance, cette unique réalité qu'est la fête. Mais tout cela est cependant bien fragile, précaire. Dans son livre *Ambiguïtés de la liberté*, Nicolas Grimaldi rappelle fort justement qu'il suffit parfois d'un rien pour que le moi laborieusement enfoui sous la liesse générale ressurgisse : c'est le signe que la fête est finie, inutile d'insister, rentrons plutôt chez nous.

Illusoire sobriété

Il faut donc boire, à mon avis, pour faire la fête. Inutile de s'insurger, car le pire est tout de même évité dans la mesure où l'on ne fait pas la fête pour boire, ce qui constituerait une terrible déchéance. L'alcool est donc un moyen, et l'on peut sincèrement compatir au sort du pauvre jurançon qui, à Monein, n'est pas bu pour lui-même mais pour l'ivresse qu'il va nous apporter, et à cause de ce moi dont il va nous délivrer. J'exagère, bien évidemment : j'adore le concept de la fête du Jurançon ; je trouve que cette idée qui consiste à placer un vin bien précis au cœur de la fête est excellente, même si l'on peut toujours se dire que l'ivresse est en fait le véritable but. La municipalité a pris, dans cette perspective, une précaution instructive : on ne servira que pendant deux heures, et le jurançon ne sera plus proposé après quatorze heures. Il faut voir le dépit que provoque cette mesure qui fait cependant l'honneur de Monein, et ce même si le lobby des cafetiers a sans doute pesé lourd dans cette décision. Il faut voir également certains fêtards, plus malins que les autres, faire provision de bouteilles avant la fin officielle de la dégustation. Lorsque celle-ci intervient, la plupart des « festayres » se dispersent alors dans les différents bars de la ville et continuent à lever le coude.

Boire fait donc partie de ces dispositions qu'il faut prendre si l'on veut faire la fête. Aussi ai-je toujours été sensible au sort de ces gens qui participent aux férias du Sud-Ouest mais qui ne peuvent boire d'alcool ; ils restent à l'extérieur de la fête, spectateurs lucides et atterrés de l'orgie généralisée. Ils ont tenu à venir, à être là, espérant s'amuser autant que les autres ; mais leur sobriété les exclut petit à petit d'une fête qui finira par leur être insupportable. Je me souviens d'ailleurs de jugements et de regards particulièrement sévères et moralisateurs, qui s'expliquent par la frustration de l'exclusion. Qu'il faille boire pour faire la fête ne me pose donc aucun problème, car je vois souvent un fardeau dans la conscience de soi : vouloir s'en débarrasser momentanément n'est pas une lamentable déchéance, mais une revendication bien légitime. Et que le vin soit à la fois le déclencheur et le compagnon de cette sympathique régression ne me choque pas. Il est compréhensible de désirer une rupture dans la continuité du temps, rupture qui nous permettra de nous régénérer.

Le vin baudelairien

Mais à côté du vin joyeux de la fête, je n'oublie pas qu'il existe un vin sordide, glauque, triste à mourir même si sa fonction est, paradoxalement, de nous maintenir en vie tout en nous détruisant à petit feu. C'est, en quelque sorte, le vin baudelairien. On doit à ce poète quelques-unes des pages les plus sombres, les plus désespérantes, jamais écrites sur le vin. Le vin de la fête est tourné vers la vie : il est bu occasionnellement et nous permet de nous libérer de ces maîtres habituels que sont la conscience de soi, la raison, la morale. Le vin baudelairien me fait penser au vin quotidien de l'alcoolique qui ne fait pas la fête et qui se soûle pour oublier ses souffrances. Baudelaire, cependant, estime le vin ; il le préfère au hachisch, voire à l'opium. On sait ce qu'il reproche à ces deux drogues auxquelles est consacré le livre intitulé *Les Paradis artificiels*. Le hachisch, notamment, est un piège pour la volonté, pour la sociabilité, pour l'activité. En consommer, c'est risquer de sombrer dans l'isolement et l'oisiveté. Ainsi coupé des autres et de tout projet, l'individu s'enfonce dans un narcissisme misérable pouvant le conduire au suicide. Le vin, à l'inverse, « rend bon et sociable », et ne manque pas de réconforter le peuple laborieux, qui y trouvera un supplément de force. Mais, encore une fois, il ne s'agit pas, pour Baudelaire, de boire du vin pour faire la fête. À quoi sert donc le vin ? Il y aurait peut-être une comparaison à tenter entre le vin baudelairien et le jugement que Marx porte sur la religion. Dans les deux cas, le but est de consoler de leurs misères des gens désespérés. Mais alors que la religion insulte notre intelligence en nous promettant bonheur et paradis dans un au-delà improbable, c'est ici-bas que le vin nous procure un adoucissement concret, sensible, de notre condition pitoyable. Mais, qu'il s'agisse des poèmes des *Fleurs du mal*, ou du texte intitulé « Du vin et du hachisch », le vin n'y est jamais célébré pour lui-même, pour ses qualités, ni même pour les plaisirs sensoriels qu'il nous donne ; il est, encore une fois, une consolation principalement réservée au peuple, aux travailleurs, à ces petites gens pour qui Baudelaire est pris d'une immense compassion. Ce vin, que l'on imagine de piètre qualité car il est censé être bon marché, va soulager et apaiser l'âme de ceux qui restent aux portes des paradis opiacés des esthètes. Il ressemble, néanmoins, à l'opium ainsi qu'au hachisch, car il est lui aussi une drogue, un médicament pour l'âme, un antidépresseur ; il nous accorde, momentanément, l'oubli qu'on lui demande et sans lequel la vie serait insupportable. Grâce à lui, cette vie n'est plus synonyme de souffrances car nous parvenons à ressentir des périodes de jubilation, des moments d'euphorie, d'exaltation, qui nous aident à tenir le coup. Je ne souscris pas à un tableau aussi noir de la condition humaine, tableau qui se retrouve, au fil des siècles, dans le bouddhisme, chez Schopenhauer, ou chez Houellebecq, bien triste confrérie des dégoûtés de la vie. Je n'aime pas non plus cette façon de parler du vin, de l'instrumentaliser pour nous préserver du suicide. J'ai effectivement l'impression que, pour Baudelaire, le vin est ce qui empêche les hommes de sombrer, de se suicider. Qui, sans lui, aurait encore la force de continuer ? Le vin, pourtant, ne résout rien : il ne peut rien changer aux choses, à l'ordre du monde ; mais son action consiste à changer ponctuellement la conscience que les hommes ont de ce monde et de leur vie. En ce sens, il est bien une fuite de soi.

Sous la culture, la nature

Je sais maintenant pourquoi je me rends à Monein qui, d'ailleurs, est en vue : pour me défaire momentanément de quelques qualités qui, tout en faisant la grandeur et la dignité de l'humanité, ne manquent pas de nous accabler. Ces qualités sont, principalement : la conscience de soi, la raison, et la morale. Je sais ce que je leur dois : sans elles, je ne suis plus qu'une bête, une brute, un sauvage. Mais il m'arrive de voir en elles de pénibles aliénations m'empêchant d'être moi-même, et qui ne m'élèvent qu'en me contraignant ; j'ai envie, aujourd'hui, de lâcher la bride à une partie de moi-même qui, la plupart du temps, doit obéir et s'incliner devant la raison, mais qui ne cesse pourtant de pousser sous la chape censée la contenir. C'est, je crois, la fonction de toutes les fêtes que de permettre l'expression de ce moi des profondeurs : de même que la nature continue à travailler sous le bitume des routes et provoque des fissures par lesquelles elle tente de s'échapper, je sais bien que le vernis rationnel et moral de l'humanité se craquelle sous l'action de forces obscures. Libérer ces forces est possible grâce au vin et à la fête. Tous ces gens, qui convergent maintenant vers la place centrale de Monein, ont-ils conscience de la dimension tellurique de l'événement ?

Nous sommes arrivés. On se gare où l'on peut, assez loin du cœur de la fête. On marche d'un pas rapide, on court presque, car le temps presse : la fête du Jurançon ne dure que deux petites heures, de midi à quatorze heures. Or il est déjà… treize heures ! J'enrage intérieurement contre cette mesure qui, il y a peu, me paraissait raisonnable. Ne va-t-elle pas à l'encontre du véritable esprit de la fête ? Pour éviter que la liesse ne dégénère, et ne sombre dans le chaos, les pouvoirs publics veillent à encadrer strictement ce qui, en principe, constitue un moment de licéité générale. Il y a donc une imposture certaine : c'est l'État lui-même, ou du moins quelque autorité, qui institue la fête, qui l'organise, car il a compris qu'il fallait régulièrement favoriser l'épanchement des énergies refoulées par la vie quotidienne. Les individus ont alors l'illusion d'une liberté totalement retrouvée, mais l'État continue à exercer son emprise sur la société. S'amuser à date fixe, de telle heure à telle heure, participer aux différentes étapes de la liturgie d'une fête aussi réglée qu'une messe, tout cela nous éloigne finalement de l'essence de la fête. Cette essence est peut-être l'improvisation. Il faut parvenir à s'extirper de ce calendrier et de cette organisation que nous n'avons pas choisis. N'attendons pas l'autorisation des pouvoirs publics pour nous amuser. Décidons nous-mêmes de la date et des modalités, mais évitons surtout de tout prévoir, de tout planifier dans les moindres détails. Abandonnons-nous à la spontanéité de l'instant : on peut compter sur le vin pour favoriser l'irruption de cette imprévisible exubérance. C'est la raison pour laquelle je suis de plus en plus réticent à prendre part à toutes ces fêtes instituées qui vous obligent à vous amuser tel jour plutôt que tel autre. Le réveillon de la Saint-Sylvestre est, de toutes les fêtes, celle qui me déprime le plus : je m'y rends contraint et forcé, moi qui ne rêve que de coups de fil de dernière minute, de soirées décidées au dernier moment, de soudains coups de folie, et d'amis vous embarquant dans des équipées improvisées.

Trop conscients

Enfin, nous voilà arrivés sur la place centrale, où se dressent les halles de Monein, véritable cratère de la fête. Nous entrons dans la fournaise. Il y a un monde fou, autant d'hommes que de femmes, et tous les âges sont représentés. Il y a des locaux et des touristes de passage, des gens de toutes les conditions, du routard au cadre supérieur. Tout se mélange, sans pour autant former un magma indistinct, car la fête de Monein, contrairement aux férias du Sud-Ouest, n'impose pas une sorte d'uniforme en rouge et blanc, mais laisse à chacun le choix de sa tenue, c'est-à-dire la possibilité de continuer à affirmer son identité, sa singularité. Il faut, pour atteindre les différents comptoirs des producteurs de jurançon, se frayer un passage parmi la foule. Il est impossible de ne pas toucher tous ces gens inconnus, de quoi mettre mal à l'aise le maniaque de l'asepsie. Notre retard nous rend nerveux. Nous achetons à toute vitesse le fameux verre Inao sérigraphié « Jurançon », et fonçons vers les différents bars disposés à l'intérieur des halles. Il fait atrocement chaud. Pas le moindre souffle d'air. Le bruit est assourdissant. Des gens partout, moites, dégoulinants... Un instant, le doute s'insinue ; vite, il nous faut de l'alcool. Nous sommes au cœur du cratère de la fête mais, d'une certaine façon, nous nous trouvons encore à l'extérieur de celle-ci, plus spectateurs qu'acteurs. La frénésie nous entoure sans pour autant nous emporter. Qu'est-ce qui ne va pas exactement ?

Je crois pouvoir identifier les causes de cette légère contrariété. Nous sommes trop lucides, trop conscients. Je suis assailli d'une multitude de sensations dont j'ai pleinement conscience. J'entends tout, je vois tout. Tout mon être vibre, résonne, réagit à cette frénésie. Trop d'informations arrivent de tous côtés et me laissent en état d'alerte, inquiet. Il y a notamment ce malaise : je vois très nettement le visage des gens qui sont autour de moi ; pratiquement aucun détail ne m'échappe. Je croise des regards. L'acuité de mes sens me gêne. J'ai aussi une conscience aiguë d'états strictement internes, qu'il s'agisse de mon corps, ou de mon âme. Tout cela favorise une intranquillité pénible. Je ne puis, par ailleurs, maîtriser quelques jugements qui m'échappent, jugements portant sur les excès commis autour de moi. Pour l'instant, conscience, raison et morale règnent en maîtres dans mon intériorité. La conséquence est cinglante : je ne m'amuse pas. Il me faut du vin pour étourdir ces rabat-joie, et c'est avec un immense soulagement que j'aperçois Pierre rejoignant le groupe avec une bouteille de jurançon. Tous les verres se tendent. Apparemment, je ne suis pas le seul à être mal à l'aise. En effet, nous détonnons quelque peu au milieu de cette foule en délire. J'ai enfin le breuvage en main. Il brille de mille feux ; sa robe est éblouissante, comme ce soleil de midi qui, au dehors, brûle tout. Au nez, les arômes explosent, mais j'abrège ce moment que j'adore, en principe, faire durer. Je bois rapidement une première gorgée et je suis envahi d'une fraîcheur qui me régénère. Je sens qu'en se remplissant de ce vin mon être se vide progressivement des trois indésirables qui l'habitent d'ordinaire.

Le miracle du vin

Je vais mieux. La magie du vin commence à opérer. Mon verre est déjà vide. Je le remplis aussitôt, et je reste stupéfait de la rapidité avec laquelle le vin foudroie ma rationalité. En moi, des digues rompent les unes après les autres sous l'effet de cet or en fusion. Je me détends, je commence à sourire et même à rire, de plus en plus facilement. La bonne humeur se propage, gagne chacun d'entre nous, car en tous le vin apporte l'insouciance, la légèreté. J'ai maintenant l'impression de me fondre parfaitement dans une foule qui a d'ailleurs perdu de son évidence. Bien sûr elle est là ; mais je ne perçois plus tous ces détails qui, au début, me laissaient perplexe. En moi des changements s'opèrent aussi : je ne sens plus trop mon corps, et mes états d'âme ont laissé place à l'euphorie. J'ose quelques plaisanteries ; rien de bien spirituel, mais plus personne ne fait le difficile. Tous sont dans le même état que moi, et apprécient la tournure que prennent les événements. Nous rions franchement de la vitesse avec laquelle nous avons vidé cette première bouteille. Une autre la remplace presque aussitôt, car le temps file. De nouveau, les verres se remplissent, et le jurançon coule dans notre être. Nous sommes maintenant tout près d'un état que j'aime éperdument : l'ivresse n'est pas encore là, mais nous nous sommes déjà libérés, grâce au vin, du joug de la raison, de la conscience et de la morale réunies. Comment qualifier cet entre-deux délicieux ? Je repense à un terme proposé par Michel Onfray dans *La Raison gourmande*, et qui, sur le coup, m'avait paru étrange : l'ivreté. Je le trouve, aujourd'hui, judicieux : l'ivreté, c'est cela !

Se libérer par le vin

Michel Onfray rappelle qu'il n'a pas forgé ce mot, né de la fusion de deux autres : ivresse et ébriété. Il l'a simplement dépoussiéré et exhumé du dictionnaire le *Littré*. « L'heureuse ivreté » est, on s'en doute, un état intermédiaire assez fugitif, coincé entre deux autres états un peu plus stables : la sobriété et l'ivresse. La sobriété est, en principe, notre quotidien ; mais son austérité nous fatigue et restreint nos possibilités. Un tel état se caractérise par un règne à peu près sans partage de la raison : notre existence est alors contenue dans des limites étroites et les autres facultés de l'âme sont neutralisées, ou presque. L'autre état est plus catastrophique encore : ce n'est pas la raison que l'ivrogne veut combattre, une raison qu'il aurait jugée tyrannique, mais sa propre humanité qu'il essaie d'annuler en tombant aussi bas. L'auteur de *La Sculpture de soi*, et « apôtre » de l'hédonisme, ne pouvait donc qu'entrer en guerre contre ces deux états, ennemis déclarés du plaisir et de la beauté. Ce qui l'attire dans l'ivreté est la possibilité de se libérer dans la dignité. L'ivreté nous affranchit de la raison et de la morale sans pour autant nous dépouiller de notre humanité. La quête du plaisir est ainsi rendue compatible avec le souci de soi esthétique. L'ivreté va nous conduire vers la griserie. Cet état est fragile parce que instable ; s'il s'atteint facilement, il est plus difficile, en revanche, de s'y maintenir, car la griserie s'évanouit vite si les verres commencent à s'espacer. En outre, elle est juste au bord du précipice de l'ivresse : l'abîme menace celui qui ne sait pas s'arrêter quand il faut et jouer avec le temps. C'est en ce sens que « boire est un art », une technique, finalement. Or toute technique est un savoir-faire, c'est-à-dire l'application de connaissances, la rencontre de la théorie et de la pratique. Celui qui sait boire a compris, sans doute de façon empirique, mais pas seulement, que l'alcool pouvait l'aider à se libérer tout comme il pouvait devenir son maître. Il faut donc être prudent avec lui. Buvons, car l'ascétisme ne saurait être la solution, mais buvons pour de bonnes raisons, le plaisir, la libération donc, et troquons nos valeurs morales contre d'autres valeurs, esthétiques celles-là. Gardons néanmoins, dans un coin de notre mémoire, qu'un rien, qu'un léger faux pas suffit pour la perte irrévocable de notre dignité ; car le buveur hédoniste se tient au bord d'un gouffre ; il est même cerné par deux gouffres : l'un est moral, l'autre est inhumain. Il s'agit donc de trouver un point d'équilibre, une arête étroite, et de s'y maintenir le temps que dure la fête. Cela peut sembler facile, mais cet art de l'entre-deux est cependant subtil car la griserie est un état fragile, précaire, c'est à peine un « état » car le mot fait référence à une certaine stabilité qui ne convient pas pour désigner quelque chose de transitoire et d'évanescent. Quelles sont, maintenant, les promesses de l'ivreté ? Écoutons Michel Onfray : « [...] libération de l'esprit, dépassement des bornes ou limites qui le contiennent et l'asservissent par les opérations de l'entendement, le travail du jugement, les rigueurs de la logique et du raisonnement, les affres de l'analyse. Le vin est cathartique ». On reconnaît, dans ce programme, quelques-unes des idées des surréalistes ; mais je crois que l'on est facilement injuste à l'égard de la raison, accusée d'exercer sa tyrannie sur les humains ; il est vrai qu'elle fonctionne, bien souvent, à la manière d'un filtre, ou d'une censure, et qu'elle privilégie les idées claires et distinctes, les définitions universelles, les déductions rigoureuses, au détriment d'autres productions de l'esprit qui, sans elle, pourraient accéder à la conscience et être exprimées. L'art permet de telles retrouvailles avec ce moi profond ; le vin et la fête ont aussi cette fonction. Mais je crois que c'est la raison qui, au cœur de l'ivreté, continue à nous surveiller et à nous préserver de la démesure, c'est-à-dire de l'excès et des fautes de goût. Elle ne s'absente jamais totalement, même chez les fous qui en ont toujours un peu. Pour ma part, j'exagère lorsque je compare l'action de la raison à la contrainte d'un joug, ou encore à la tyrannie. En fait, la raison est simplement ce qui me conseille, ce qui me guide. Elle me parle, me dit de faire ceci ou cela ; ensuite, j'avise. Évoquer son totalitarisme, c'est exagérer. Aussi est-ce de la conscience, et non de la raison, que le vin me semble nous délivrer. Mon second désaccord avec Michel Onfray est le suivant : l'ivreté, pour moi, suppose le vin. Je veux dire par là que toutes les ivretés ne se valent pas ; celle que je préfère, et que je pratique, trouve son point de départ dans le vin. Les autres, en effet, ne m'intéressent pas. J'aime l'ivreté lorsqu'elle découle d'une dégustation de vin. Il faut dire que le vin est le seul alcool que je boive, car les autres boissons fermentées ont toujours plus ou moins répugné à mes sens. Bien sûr, il m'est arrivé de boire autre chose que du vin, dans le registre des alcools ; mais je n'y ai trouvé aucun plaisir, et l'ivreté occasionnée ne m'a pas séduit. C'est le second bémol que je mets aux idées de l'auteur de *La Sculpture de soi* : si l'ivreté qu'il préconise se veut à ce point hédoniste et esthétique, il faut absolument faire le difficile à propos de ce qui pourra la déclencher ; il s'agira, pour moi, d'un vin de qualité, et non de n'importe quel alcool. Il me faut une boisson qui me proposera une expérience sensorielle intéressante et, qui plus est, à chaque fois neuve, inédite. Le vin y parvient, tandis que les autres alcools se répètent, inlassablement. En amont de la griserie, j'ai donc besoin d'une boisson dont la qualité se répercutera sur l'ivreté qu'elle entraînera. Enfin, je suis particulièrement séduit par la perspective de partager une bonne bouteille entre amis, et davantage encore si le vin est rare et précieux. J'aime cette convivialité du vin et l'échange qu'il favorise, quand les autres alcools ont plutôt tendance à nous isoler les uns des autres, car il n'y a rien à partager. À Monein, j'ai trinqué avec des gens qui m'étaient totalement inconnus ; d'autres m'ont offert à boire, et j'ai moi-même distribué de généreuses rasades à des personnes que je ne connaissais ni d'Ève ni d'Adam. Si nous nous étions croisés dans un tout autre contexte, dans la rue par exemple, aucun contact n'eût probablement été possible, pas même un simple regard peut-être. Mais nous ne sommes pas dans une situation habituelle : nous nous trouvons au cœur de la fête, et tous sont plus ou moins éméchés.

Être soi-même

Une question me préoccupe : sommes-nous vraiment nous-même ? Le vin nous a-t-il permis de nous dépouiller du moi superficiel, et de retrouver le moi profond ? Faut-il faire la fête et boire du vin pour être enfin soi-même ? Le spectacle que je contemple autour de moi est-il celui de la vérité ? Je le pense. Le vin a fait tomber les masques, et mis progressivement à nu la personnalité de chacun. En ce sens, il s'agit bien d'une libération. Mais qu'est-ce qui était emprisonné par la vie quotidienne ? Et quelles sont, tout d'abord, ces contraintes qui nous empêchent d'être nous-même ? Elles sont innombrables, et vouloir les supprimer serait pure folie car ces contraintes sont utiles, notamment pour vivre en société, avec les autres. Il y a le droit, fait de lois, mais aussi la morale, constituée de principes, de valeurs, de devoirs, ou encore les mœurs, c'est-à-dire les habitudes de vie propres à tel groupe.

Il y a, évidemment, l'éducation que nous avons reçue, l'enfance que nous avons vécue, mais aussi le regard des autres, notre réputation, l'estime que l'on se porte, la place que l'on occupe dans la société, etc. Balayer tout cela est absolument impossible, et n'est même pas souhaitable : seuls ceux que tente la posture du rebelle pourront toujours essayer, mais en pure perte. Mieux vaut saisir les rares occasions qui se présenteront pour faire affleurer le vrai moi qui est enfoui. Quel est ce moi ? Celui qui ne se force pas, qui ne se cache pas, qui ne joue pas et qui, à la limite, n'est pas conscient, car c'est décidément la conscience qui complique tout. On le voit, cette psychologie négative rencontre bien des difficultés à cerner le moi, et doit se contenter de dire ce qu'il n'est pas. Par moments, ce moi des profondeurs remonte à la surface, à la faveur de certaines occasions apparemment contraires : la solitude et la fête, par exemple. Mais dans le second cas, il est absolument nécessaire d'étourdir, au préalable, la conscience de soi, et c'est pourquoi l'être humain boit. Quand je regarde tous ces gens autour de moi, je les vois rire, chanter, danser, s'amuser, se laisser aller, s'oublier. Ils sont, à ce moment précis, ce qu'ils voudraient être lorsque la vie quotidienne reprend le dessus. Ce spectacle est donc pathétique, c'est-à-dire émouvant. Je suis en effet ému, touché en plein cœur par la joie de mes semblables qui, grâce à la parenthèse de la fête et à l'action du vin, sont enfin eux-mêmes, enfin réconciliés avec leur moi véritable.

Je songe alors à André Quentin, le personnage interprété par Jean Gabin dans le film d'Henri Verneuil *Un singe en hiver* ; il ne boit plus depuis quinze ans, en raison du serment fait à sa femme au cours d'une nuit de bombardements. Fidèle jusqu'à la bêtise à la parole donnée, il est, durant toutes ces années, d'une irréprochable intransigeance. Le problème est qu'il n'est pas lui-même, et qu'il s'ennuie. Il ne se reconnaît pas dans la vie qu'il mène. Cette vie n'est pas sa vie, mais celle de sa femme. Sa rencontre avec le jeune Gabriel Fouquet, joué par Jean-Paul Belmondo, est une bouffée d'air frais : elle lui offre l'occasion, sans doute la dernière, car André est un vieil homme, d'être de nouveau lui-même le temps d'une soirée copieusement arrosée. Les deux compères, en effet, se soûlent ; principalement au saké, au calva, et au vin. L'ivresse générée ramène André vers son moi, ce moi qu'il a mis en sommeil depuis si longtemps, pour faire plaisir à sa femme. Le véritable André est celui qui est ivre, et non le vieil ours en hibernation. Le véritable André rêve tout haut de la Chine, du Yang-tseu-kiang, de la marine française, finalement, de sa jeunesse. À la faveur de l'ivresse, ce moi remonte à la surface et André oubliera, pendant quelques heures, la monotonie de sa vie, la grisaille de la Normandie, le lit conjugal, sa robe de chambre et ses pantoufles.

L'ivresse est un voyage vers le pays des rêves. Quand il est ivre, André « voit » la Chine, le fleuve Bleu, il « voit » les jonques et les fumeries d'opium. Quand Gabriel est soûl, il « voit » l'Espagne, ses toreros, son flamenco, sa paella. Bien sûr, il s'agit, à chaque fois, d'une Chine et d'une Espagne d'opérette. Mais l'important n'est pas là : ce qui compte est de pouvoir, grâce à l'alcool, s'extraire d'un présent et d'un réel qui ne nous plaisent pas. On lève alors l'ancre vers d'autres formes du temps : un passé idéalisé, un avenir plein de promesses, et on surmonte l'indigence du réel en se persuadant que d'autres vies sont possibles. La raison, en général, décourage les rêves ; mais l'ivresse, en déconnectant momentanément la raison, leur permet de se manifester à nouveau et d'adoucir notre existence. La très morale épouse d'André est, elle aussi, concernée par ce voyage provoqué par l'ivresse : un soir où elle se laisse un peu aller à boire du vin, la voilà partie, tout à coup, pour… La Bourboule. Sans doute a-t-on les rêves que l'on peut, ou que l'on mérite.

Dionysos à Monein

Il est bientôt quatorze heures. J'achète une dernière bouteille avant la fin officielle de la dégustation : une certaine mélancolie m'envahit. Je ne saurais dire précisément ce que je ressens, car j'ai dépassé le stade de l'ivreté. Chaque fois que quelque chose se termine, j'éprouve ce sentiment. J'ignore également combien de bouteilles nous avons vidées. En revenant vers le groupe, mon flacon à la main, je suis frappé par la densité de la foule ; celle-ci forme vraiment un bloc compact qui absorbe les individus. Tout est mélangé, en fusion, tout forme maintenant ce magma indistinct dont je parlais plus haut. La singularité a disparu, ou tout du moins n'est plus visible. Tous les corps se touchent et je dois jouer des coudes pour avancer. Il n'y a plus d'espace. Tout cela est indescriptible. Je me sens bien dans cette foule homogène ; j'ai envie de m'enfouir en elle, d'aller plus profond, vers le centre, vers le cœur de cette liesse, de cette frénésie, de m'y engloutir. Que signifie ce désir étrange ? Sur le moment, je n'ai pu réfléchir sérieusement à cette question. Elle s'est éclaircie, par la suite, avec le livre de Nietzsche, *La Naissance de la tragédie*, qui pourtant ne parle pas une seule fois du vin et de ses effets. L'auteur veut, dans ce texte, comprendre l'origine de la tragédie attique, caractérisée par le dithyrambe dramatique. On est loin, apparemment, du vin de la fête. Pourtant, il n'en est rien, car j'ai compris, grâce à lui, que la fête du Jurançon à Monein, et toutes les autres fêtes de ce genre, sont l'expression d'une tendance dionysiaque de l'humanité. Dionysos en personne s'est donc invité à Monein, et a fini par supplanter Socrate. En moi, deux tendances opposées se sont manifestées : Socrate, tout d'abord, puis Dionysos à mesure que mon degré d'alcoolémie augmentait. Très vite, en effet, Nietzsche remplace l'opposition Apollon/Dionysos par l'opposition Socrate/Dionysos : « C'est en Socrate lui-même que nous reconnaissons l'adversaire de Dionysos. » Que signifie ce dualisme ? On peut, pour simplifier, proposer que Socrate incarne la sagesse, l'ordre, la mesure, tandis que le dieu Dionysos personnifie l'ivresse, la violence, la folie, la démesure. Mais attention : Dionysos n'est pas moins philosophe que Socrate ; simplement, il propose une autre philosophie. Quant au Dionysos de la mythologie (et non plus cette fois le Dionysos nietzschéen), il est toujours entouré d'une bande de joyeux drilles dont il vaut mieux, cependant, éviter de croiser la route, car tous sont déchaînés ; ils ont bu de ce fameux vin grec qu'il fallait absolument couper sous peine de devenir fou. Le vin, en effet, est ambivalent : bu avec modération, il mène à l'euphorie, à l'exaltation ; consommé sans mesure, il peut rendre fou et violent. Dans ce dernier cas, on dit des gens concernés qu'ils ont « le vin mauvais ». Examinons la composition du cortège dionysiaque : il y a là les Ménades, ou encore les Bacchantes, littéralement possédées par le dieu, et prêtes à faire subir aux imprudents le même sort qu'à l'infortuné Penthée, mis en pièces par elles. On trouve Silène, vieux compagnon de route de Dionysos, et ses rejetons, les Silènes, qui ne valent pas mieux que lui : tous sont des vieillards lubriques. Figurent enfin, dans cette bande, le dieu Pan, Priape et les Satyres, c'est-à-dire toute une bande de redoutables obsédés sexuels qui terrorisent et violent les femmes rencontrées. Nietzsche n'évoque pas ce déferlement de violence qui, dans la mythologie grecque, est inséparable des frasques de Dionysos. Ces frasques, justement, nous rappellent que le vin agit comme un révélateur : il dévoile la personnalité profonde de chacun, pour le meilleur et pour le pire. Il y a des désirs, des comportements qu'il vaudrait mieux laisser enfouis et recouverts d'une chape de raison et de morale, car si certains laisser-aller peuvent s'avérer spirituels, drôles [1], ou encore charmants, d'autres deviennent rapidement consternants et inquiétants. C'est le cas, par exemple, d'Alcibiade qui, dans *Le Banquet*, fait une entrée tapageuse chez Agathon, et se répand en révélations impudiques : l'excès de vin l'empêche de bien se tenir et lui fait dire des choses qu'il ferait mieux de taire. Cet étalage public de l'intimité est obscène et gênant, mais il y a pire, notamment lorsque l'alcool en général et le vin en particulier dévoilent des pulsions violentes ou sexuelles que le sujet ne peut plus, ou ne veut plus, maîtriser. Le Dionysos de la mythologie est effectivement ce détonateur qui fait exploser les plus bas et les plus dangereux instincts de l'humanité, ceux qu'il est absolument capital de refouler ou de sublimer. Je dois vous avouer que parfois, lorsque je croise au petit matin des fêtards frustrés par la fin des réjouissances,

---

1. Comment ne pas évoquer ici quelques ivresses célèbres du cinéma français, en particulier celles illuminées par les dialogues de Michel Audiard ? Deux films ont à tout jamais marqué les buveurs français : *Un singe en hiver* et *Les Tontons flingueurs*.

et qui composent une redoutable bande de célibataires, je repense à Dionysos et à son sinistre cortège : c'est à chaque fois un miracle si chacun regagne finalement son domicile, bien tranquillement. Sexe et violence sont sans doute deux des principaux instincts de la nature humaine, qu'en principe nous parvenons à dominer, même si j'ai déjà dit que la nature ne cesse de pousser, de percer en nous. Mais le vin et plus généralement l'alcool font vaciller bien des âmes qui se croyaient fortes. C'est alors que remonte à la surface, sous la forme de pulsions, cette nature que nous pensions à jamais révolue.

La sagesse tragique du vin

Rien de tout cela, à mon avis, chez le Dionysos dont parle Nietzsche. Ce Dionysos-là est philosophe, même si ses idées sont aux antipodes de celles de Socrate. Nietzsche montre que l'essence de la fête dionysiaque (dans laquelle la musique a une place considérable) est l'anéantissement de l'individu, tandis que l'apollinisme se caractérise par un principe d'individuation qui tend, tout au contraire, à restaurer le sujet, à le rétablir dans sa singularité. Ainsi s'explique la bizarrerie du sentiment que j'éprouvais, tout à l'heure, à me fondre dans la foule. Le vin favorise et facilite la fête ; celle-ci offre au moi la possibilité de se dissoudre ponctuellement dans la liesse générale, et de se débarrasser provisoirement d'une conscience de soi dont j'ai dit et répété qu'elle était, la plupart du temps, un fardeau. Il me reste à préciser en quoi une telle conduite est philosophique, alors même que la fuite de la conscience de soi, et la disparition du sujet, semblent destructrices de la philosophie. Voici ce qu'écrit Nietzsche dans *La Naissance de la tragédie* : « À l'appel jeté par Dionysos dans la jubilation mystique, les frontières de l'individuation volent en éclats, frayant ainsi la voie qui mène jusqu'aux Mères de l'être, jusqu'au tréfonds le plus intime des choses. » L'illusion de l'individualité se dissipe donc ; elle est remplacée par une révélation profonde. Nous comprenons que nous appartenons au tout, à la nature, à « ce vivant unique qui engendre et procrée, et dans l'orgasme duquel nous nous confondons », dit Nietzsche. Par-delà les individus, il y a l'éternité du devenir qui, inlassablement, fait naître les êtres et les détruit. Tout passe, tout coule : c'est le fameux *pantha rhei* (tout change) d'Héraclite ; mais si tout est en devenir, ce devenir lui-même est le tout, c'est-à-dire qu'il n'y a rien d'autre que lui, et l'inéluctable destruction de notre individualité est atténuée par une mise en perspective, un passage à la limite qui nous console, car il s'agit là du destin de toute existence, et notre disparition sera compensée par le surgissement d'autres existences qui, elles-mêmes, etc. C'est donc une sagesse tragique que nous propose la fête dionysiaque : elle nous délivre de l'angoisse devant la finitude en replaçant l'individu dans le tout de la nature, en lui indiquant sa vraie place, sa vraie valeur, sa signification profonde dans l'éternité du devenir. Voir les choses sous cet angle est réconfortant pour tous ceux qui refusent de croire en une transcendance. Leur angoisse n'est finalement due qu'à une focalisation excessive, abusive, sur leur propre existence ; elle s'envole dès qu'ils comprennent combien il est essentiel de s'extraire de cet égotisme, auquel il faut substituer une vision plus globale, plus universelle. Nous allons périr et c'est, à peu près, la seule chose qui soit vraiment sûre. Mais il est possible d'atténuer la catastrophe que peut constituer une telle révélation. Comment faire ? En étant moins conscient grâce au vin et à la fête ? Pourquoi pas, mais il s'agit alors d'une fuite. On peut, à l'inverse, accéder à une forme de conscience supérieure qui, en se détournant des individus et en se tournant vers le devenir universel et éternel, saisit le sens de notre existence. Bizarrement, une telle révélation peut procéder du vin et de la fête, pour peu que Dionysos nous inspire…

Ne faire qu'un

C'est terminé. La dégustation de jurançon a pris fin, officiellement. Nos verres sont vides. Nous n'avons plus aucune bouteille en réserve. Les gens, visiblement, sont désappointés : que faire à présent ? Beaucoup vont continuer à boire dans les différents bars de la ville, pour la plupart situés autour des halles. Mais d'abord, il y a ce rituel étrange, fascinant, qui, paraît-il, se répète chaque année, invariablement. Quelques-uns commencent à frapper du poing sur le bois du comptoir. D'autres utilisent le culot d'une bouteille vide. Ils sont rapidement rejoints par des dizaines de fêtards qui martèlent, avec l'énergie de la frustration, ce pauvre comptoir qui va passer un mauvais quart d'heure. Tous s'y mettent, tous tapent en rythme pour réclamer une prolongation. La scène est hallucinante, le bruit est assourdissant car ces vénérables halles de pierre et de bois ont finalement une acoustique surprenante. Le sol est jonché d'éclats de verre, et j'ai déjà plusieurs coupures. Mais peu importe, car je ne sens rien. Quelque chose est en train de naître, de monter, de nous submerger. Il n'y a plus que ce rythme. Tous communient. À cet instant précis, je suis tout entier absorbé par cette action de taper, je ne pense plus à rien, je tape en cadence, et tous font de même. Nous savons bien que la dégustation ne reprendra pas ; alors pourquoi faisons-nous cela ? Serions-nous en train d'exorciser la violence qui est en nous ? Cette interprétation est vraisemblable. Elle se rapproche d'ailleurs des analyses de René Girard dans son livre *La Violence et le Sacré*. La fête, selon lui, et en particulier la fête dionysiaque, a une fonction cathartique : elle permet l'épanchement de la violence que les individus abritent en eux, et favorise, paradoxalement, la paix sociale. On peut voir les choses sous cet angle, et l'on comprend ainsi que l'État lui-même a tout intérêt à organiser différentes fêtes sans lesquelles l'accumulation de violence serait dangereuse. Pour déjouer la violence, il faut donc favoriser son expression : le défoulement sous surveillance est plus sage que le refoulement. Pour ma part, je crois qu'il s'agit de prolonger la fête, de la faire durer un peu plus, et de maintenir l'unité de la foule. Personne ne veut se retrouver seul de nouveau. C'est l'instant dionysiaque. L'individu proteste, et ne veut plus être un individu ; il veut fusionner, se dissoudre : il a cru y parvenir le temps qu'a duré la dégustation. Or il voit que la foule se disperse pour rejoindre d'autres bars, d'autres foules, moins nombreuses que celle-ci. Et c'est pourquoi il tape, il frappe, il dépense tant d'énergie dans cette action qui, fatalement, ne débouchera sur rien. Nous obtiendrons, certes, un délai supplémentaire : privés de vin, c'est donc le rythme qui va continuer à nous soûler, à nous étourdir, et qui préservera l'unité rassurante. Je crois que le bois du comptoir n'est qu'un symbole : c'est en fait sur l'individu que l'on tape, c'est sur la conscience de soi que l'on cogne, car on lui en veut, c'est elle qui nous fait souffrir, c'est elle qui nous colle à la peau, et qu'on ne parvient pas à semer durablement. Ne plus être un individu, ne plus être un sujet conscient, mais diluer ces funestes qualités dans la fête, et en finir avec cette errance solitaire qu'est l'existence : voilà, selon moi, la signification profonde de ce spectacle.

Gueule de bois

J'arrête là mon récit : que le lecteur se rassure, je ne le prive pas de confidences délectables. Disons, pour aller à l'essentiel, que la journée s'est terminée par un formidable orage comme seul le mois d'août est capable d'en proposer. Orage qui a tout balayé et, il faut bien le reconnaître, tout nettoyé. Le soir, nous regagnons la côte : l'euphorie est retombée ; le corps se rappelle à notre bon souvenir en nous gratifiant de quelques douleurs bien ciblées, et d'une fatigue diffuse. Le moi se réveille, lui aussi : effondré sur la banquette arrière de la voiture, je contemple le paysage qui défile, mais mon regard est surtout tourné vers l'intérieur. Je redeviens moral : je me dis que c'est la dernière fois, qu'on ne m'y reprendra plus, et que ces enfantillages ne sont plus de mon âge. J'ai surtout conscience du mal que j'ai fait à mon corps et à mon honneur ; je ne vois plus trop le bien que j'ai fait à mon âme en me comportant de la sorte, et en m'accordant cette parenthèse de quelques heures. Mais je sais que bientôt je serai à nouveau écœuré de la conscience, de la morale, et de la raison. Je sais enfin que je pourrai toujours compter sur le vin, notre compagnon.

Rêver

« Le pays des chimères est en ce monde
le seul digne d'être habité. »

Jean-Jacques Rousseau, *La Nouvelle Héloïse.*

La magie du vin

L'amateur de vin que je suis adore participer à des dégustations, et en organiser. Cet exercice est toujours source de sensations, souvent de plaisirs, et me permet de faire des découvertes inattendues pourvu que le thème choisi soit original. Par rapport à mon quotidien de philosophe, la dégustation m'offre l'occasion rafraîchissante de prendre mes distances à l'égard de la raison, de solliciter mes sens, et de partir à la rencontre de vins singuliers. L'essentiel est alors de parvenir à apprécier la *qualité* des vins en question. Mais en rester à cet aspect des choses serait insuffisant ; nous venons de voir, en effet, que le vin peut fort bien n'être qu'une *quantité* d'alcool sur laquelle nous comptons pour nous enivrer. On retrouve d'ailleurs ici le désir de se brouiller momentanément avec une raison dont le règne sans partage est lassant. Le vin n'est plus alors qu'un prétexte, qu'un alibi, pour ceux qui souhaitent maquiller leur ivresse afin d'éviter une déchéance trop indigne et une faute de goût. Je fais partie des deux catégories. J'ai, le plus souvent, une approche à la fois esthétique et hédoniste du vin ; et le vin mérite bien une telle attitude car il s'agit de la boisson la plus riche, la plus complexe, la plus intéressante qui soit. Mais j'aime aussi profiter du vin pour explorer d'autres états, d'autres facettes de ma personnalité qui, en principe, sont un peu négligés par certaines exigences de la vie quotidienne. La griserie, en particulier, m'attire ; non pas pour elle-même, il est vrai, mais pour ce qu'elle favorise, à savoir l'émergence du moi profond, enfin débarrassé, dépouillé, de son moi superficiel. On protestera, éventuellement, contre une telle instrumentalisation du vin ; mais le fait est que c'est au vin, et à lui seul, que je demande de me conduire vers la griserie. Tous les autres alcools sont, pour moi, dépourvus d'intérêt, à tort ou à raison. On le voit, même s'il m'arrive de m'éloigner d'une approche purement esthétique du vin, je continue, cependant, de lui rendre hommage en le choisissant, lui, plutôt que tout autre breuvage qui aurait eu le même effet. C'est dire, je pense, la haute estime que j'ai pour le vin. Et il me semble que beaucoup, autour de moi, pourraient se reconnaître dans cette confession : ils regardent le vin tantôt comme une fin en soi, tantôt comme un moyen. Rares, très rares même sont les boissons capables de rivaliser avec le vin, c'est-à-dire d'être aimées pour elles-mêmes, tout en faisant l'objet d'une attention et d'un respect au cœur même de l'instrumentalisation. C'est cela qu'il s'agit maintenant de tenter d'éclaircir. Qu'est-ce qui nous fascine à ce point dans le vin, et qu'est-ce qui le rend aussi désirable ? J'ai, jusqu'à présent, parlé de sensations, de plaisir, de griserie ; je vais maintenant compléter mes analyses en abordant la dimension imaginaire ; elle me paraît essentielle afin de comprendre comment opère la magie du vin, car aucune autre boisson ne nous fait autant rêver que le vin.

Les sortilèges de l'imagination

Le vin est toujours un désir, jamais un besoin. On pourrait donc, en toute logique, s'en passer, vivre sans. J'ai déjà avancé cette idée, mais sans m'attarder sur ses conséquences. Les voici. Apparemment, l'objet que je désire est la cause de mon désir. Cela semble évident. Si, par exemple, je désire aller à Venise, c'est bien parce que Venise est en soi une ville extraordinaire : la ville est donc la cause de mon désir de m'y rendre, je suis séduit par ses irrésistibles beautés. Comment peut-on douter de cela ? Deux objections vont cependant montrer les limites de cette thèse qui paraît frappée au coin du bon sens. Si l'objet était véritablement la cause du désir, alors nous devrions tous désirer les mêmes choses, ce qui, bien évidemment, n'est pas le cas. Des personnes, mystérieusement, se moquent éperdument de Venise, de ses palais, de ses trésors ; mais, pour d'autres, Venise constituera l'émotion de leur vie.

On le voit, le désir n'est donc pas universel, à l'inverse du besoin, mais individuel, relatif, personnel. C'est pourquoi, bien souvent, nos désirs paraissent incompréhensibles aux yeux d'autrui. Le narrateur de *À la recherche du temps perdu*, par exemple, ne comprend pas ce que son ami, Robert de Saint-Loup, peut bien trouver à cette comédienne médiocre pour laquelle il est prêt à toutes les folies. Mais Robert de Saint-Loup ne saisit pas plus en quoi consiste le charme d'Albertine lorsque le narrateur lui tend une photo de la jeune fille. Chacun, pourtant, est ensorcelé par une femme qui laisse l'autre de marbre.

La seconde objection est la suivante : comment expliquer, avec un tel présupposé, un phénomène aussi répandu que celui de la déception ? Si, après avoir attendu tant d'années, je me rends finalement à Venise, je risque de tomber de haut : je n'avais pas prévu, par exemple, que le temps serait aussi exécrable, que la lagune serait à ce point nauséabonde, qu'il y aurait autant de monde, ou que je serais harcelé par les moustiques. Ce thème est omniprésent dans l'œuvre de Proust : impossible d'oublier, notamment, sa déception lorsqu'il se trouve enfin devant la petite église de Balbec, qui ne répond pas à ses attentes. Mais comment rendre compte d'un tel décalage entre ce que nous attendions et le réel qui se présente devant nous ? Outre le terme de déception, Nicolas Grimaldi utilise le mot « désenchantement » pour exprimer le désarroi de celui qui ne retrouve pas, dans le réel, la trace de ce qu'il a ardemment désiré ; or, si désenchantement il y a, c'est bien parce qu'il y a eu, au préalable, un enchantement. En quoi ce dernier a-t-il consisté ? En un inévitable travail de l'imagination. En fait, nous ne désirons que des êtres ou des objets ayant été conçus par cette faculté. L'intervention de celle-ci se caractérise par une idéalisation ou, pour parler comme Stendhal, par une cristallisation ; elle va embellir l'être ou l'objet, les doter de qualités attrayantes, irrésistibles. Elle s'interpose donc entre le réel et nous, et nous parle d'un réel qui n'existe pas, d'un réel qui a été transfiguré par les rêveries de l'imagination. Swann tombe ainsi amoureux d'Odette de Crécy parce qu'elle lui fait penser à la Zéphora de Botticelli, et il oublie alors la vulgarité de cette femme qui, dès lors, devient pour lui le vivant symbole de la Renaissance italienne. Je peux maintenant, à la lumière de ces idées et de ces exemples, revenir sur l'idée de départ : ce n'est peut-être pas l'objet du désir qui est la cause de ce désir ; qui sait si, finalement, la cause n'est pas plus interne qu'externe, c'est-à-dire : qui sait si elle ne réside pas dans l'intériorité du sujet ? L'avantage de cette proposition est qu'elle rend mieux compte de certaines propriétés du désir, notamment sa relativité, mais aussi la déception à laquelle il nous expose.

Boire rationnellement

J'ai dit que le vin était un désir ; aussi notre rapport au vin est-il forcément marqué par l'activité de l'imagination. Pour le meilleur et pour le pire. Le vin n'est donc pas qu'une affaire de sensations. Il est capital de prendre conscience que le vin parle avant tout à notre imagination. Certains, pourtant, ont une approche quasi rationnelle du vin, même si la raison doit composer avec ses ennemis de toujours : les sens. Les meilleurs dégustateurs sont ceux dont l'acuité des sens a été affûtée par une longue expérience au cours de laquelle ils ont accumulé une impressionnante collection d'arômes, de saveurs, de nuances de robes, ou de consistances en bouche. Ils peuvent compter sur ce trésor sensoriel patiemment constitué et qui repose à l'abri, dans leur mémoire. Quand ils goûtent un vin, les sensations récoltées sont aussitôt analysées et éclairées au moyen de souvenirs :

ils reconnaissent ainsi des qualités, des propriétés, qu'ils ont déjà croisées et qu'ils n'ont pas oubliées. Le mécanisme que je décris ici a été minutieusement approfondi par Bergson, dans son ouvrage *Matière et Mémoire*. Certes, il n'est pas une seule fois question du vin dans ce livre ; mais Bergson y avance l'idée que la perception concrète est un mixte de souvenir et de sensation, ce qui au passage constitue sa réponse au vieux problème de l'union de l'âme et du corps ; c'est précisément au niveau de la perception concrète que les deux substances [2] vont entrer en contact, et se mélanger. La perception va alors puiser dans la mémoire le souvenir utile, celui capable d'éclairer l'action présente dans laquelle le corps est engagé : c'est le fameux cône de Bergson. C'est très exactement l'opération qui se produit en nous lorsque nous dégustons un vin : des sensations présentes vont convoquer des sensations passées, conservées à l'état de souvenirs, afin d'être identifiées. Plus riche est le vécu du dégustateur, et plus fine, plus subtile sera son appréciation. Malgré tout, on peut rester bouche bée devant un vin si les mots nous font

---

2. Rappelons au passage que Bergson parle de mémoire et de matière, plutôt que d'âme et de corps.

défaut. C'est pourquoi une troisième qualité me paraît indispensable afin d'être un dégustateur digne de ce nom : il faut mettre des mots sur ces sensations et ces souvenirs. Il est donc capital de disposer du vocabulaire adéquat pour exprimer ce que l'on ressent. Savoir parler du vin, et en parler bien, trouver les mots justes, être capable de détailler une sensation : tout cela n'est pas à la portée de n'importe qui, et suffit, en général, à distinguer le grand dégustateur de tous les autres. Le vin, d'ailleurs, se prête admirablement à un tel exercice, car il nous incite à parler de lui, à échanger nos informations, à discuter des sensations et des plaisirs qu'il nous procure. Ce moment est, en principe, très agréable, et le buveur laconique se prive bêtement d'un plaisir auquel il faut l'initier. Pour autant, restons prudents : le discours sur le vin peut aussi n'être que pure rhétorique destinée à nous impressionner. Il y a des sophistes partout, même dans le monde du vin ; et je suis tenté d'ajouter : surtout dans le monde du vin. Cet art de persuader peut poursuivre un but commercial, et chercher à faire naître un désir ; il peut aussi servir à dissimuler l'incompétence derrière le paravent des mots. Enfin, il offre à ceux qui le maîtrisent la possibilité de se distinguer de tous les autres, d'afficher bruyamment leur bon goût, et de s'extraire momentanément de leur médiocrité. Le vin, dans des conditions aussi sordides, n'est plus alors qu'un prétexte pour vendre et pour briller. Arrêtons-nous un instant sur ce dernier cas, et esquissons ce que pourrait être une petite sociologie de l'amateur de vin.

Épater la galerie

Cette boisson, je l'ai dit, est indissociable de l'imaginaire. Bien sûr, on peut aimer sincèrement le vin. Mais dire que l'on aime le vin, le faire savoir, passer, aux yeux des autres, pour un amateur de vin, n'est pas indifférent. Peut-être n'est-on jamais loin, à cette occasion, de la parade, de la comédie. Certains comptent en effet sur le vin, et sur l'imaginaire qu'il véhicule, pour faire illusion, passer pour un autre, et épater la galerie. Être un amateur de vin est un titre que l'on revendique bien volontiers, car il nous valorise. L'alchimie du vin est capable de bien des miracles, et les personnes les plus ternes, les plus médiocres, les plus insignifiantes, peuvent, grâce à elle, être métamorphosées. Quelles sont alors les réputations les plus convoitées ? J'en vois principalement deux : il y a la posture du bon vivant et celle de l'esthète raffiné. Dans le premier cas, l'individu passe pour un hédoniste, et les gens imaginent alors que sa vie est intense, pleine de sensations, entièrement consacrée à un art de vivre tourné vers la jouissance. Un tel être nous fait parfois prendre conscience de l'austérité de notre existence, et de tous ces plaisirs à côté desquels nous passons. Notre propre vie n'est plus alors qu'« une somme d'occasions perdues », comme le dit Cioran dans son livre *Sur les cimes du désespoir*. Nous n'aurons pas su oser, nous n'aurons pas su prendre nos distances avec la morale.

La seconde posture, celle de l'esthète raffiné, est assez fréquente dans le monde du vin, et m'agace au plus haut point. Elle se caractérise souvent par une approche disons « verticale » ; j'ai, pour ma part, une conception plus horizontale, étant convaincu que toutes les appellations ont quelque chose d'intéressant à proposer, et méritent le détour. Il y a des trésors partout, particulièrement en France, et seule la persistance de préjugés simplistes nous empêche de partir à la découverte. Être prisonnier d'une hiérarchie figée nous condamne donc à la répétition et à l'ennui. Mais pourquoi s'entêter à ne fréquenter que les vins les plus prestigieux ? En faisant à ce point le difficile, en ne désirant que l'excellence, on attend forcément quelque chose en retour ; mais quoi ? Ce n'est pas, à mon sens, le plaisir ; ce n'est pas quelque chose de sensoriel ; c'est plutôt une sorte de compensation imaginaire.

On espère que le prestige des vins dégustés rejaillira sur nous, nous offrira l'occasion de prouver notre bon goût, d'afficher une certaine supériorité. Les petits vins, à côté, constitueraient une humiliation, une disgrâce. Bourdieu a bien cerné cette attitude qu'il résume au moyen d'une formule restée célèbre : « Le goût classe, et classe celui qui classe : les sujets sociaux se distinguent par les distinctions qu'ils opèrent, entre le beau et le laid, le distingué et le vulgaire » (*La Distinction*). Dire, par exemple, que l'on préfère le sauternes au monbazillac n'est pas indifférent, mais révélateur ; dire que l'on aime tel sauternes, Yquem par exemple, plutôt que Rieussec, n'est pas innocent : c'est étaler ses goûts, son bon goût, et intégrer en retour la classe sociale correspondante. Tout le monde, après tout, connaît cette idée, popularisée par la formule : « Dis-moi ce que tu aimes… » Mais ici on peut aller plus loin, douter de la sincérité des goûts en question, et se demander s'ils ne sont pas l'occasion de se distinguer de certaines catégories sociales, de se rapprocher d'autres, voire de les intégrer. Bref, l'amour du vin devient suspect : qui sait si derrière lui ne se cache pas en fait l'intention de paraître plus raffiné qu'on ne l'est réellement ? Comment, du reste, qualifier une telle attitude qui, comme je l'ai dit, consiste à afficher la supériorité de son goût, dans l'espoir de se rapprocher de certains êtres, tout en s'éloignant d'autres avec lesquels on ne veut rien avoir en commun ? « Snobisme », peut-être, est le mot approprié, et il me semble que le vin, parfois, se prête au snobisme. Pas n'importe quels vins, bien entendu, mais les plus prestigieux, ou les plus à la mode. Dire que l'on aime le corbières, ou le fitou, c'est-à-dire deux des vins les plus chaleureux et les plus sympathiques du Languedoc, n'est en rien suspect. En revanche, confesser sa prédilection pour un pauillac, ou un margaux, revient à évoquer quelques-uns des plus grands vins du monde, des vins rares, précieux, porteurs d'un indéniable imaginaire, et inaccessibles au plus grand nombre : on peut donc douter, éventuellement, de la sincérité de cette passion.

Tout cela fait partie de l'univers du vin, et l'amateur doit composer avec cet imaginaire. Il est rare que nous allions directement vers un vin, que nous foncions tout droit en direction du concret. Bien souvent, nous effectuons un détour par l'imagination, et son intervention a principalement les deux effets suivants : elle nous fait rêver, et nous éloigne du réel. Les spécialistes sont, en principe, à l'abri de tels dérapages qui risqueraient de fausser leur dégustation. Leur approche du vin est donc quasi rationnelle. Pour ma part, je n'ai pas, loin s'en faut, la science des œnologues. J'ai toujours beaucoup de mal à analyser mes sensations et à les verbaliser. Mes sens manquent de finesse. J'ai les pires difficultés à me prononcer sur un arôme, ou sur les teintes d'une robe. Bien sûr, j'ai fini par me constituer une petite expérience, un certain vécu, ce qui me permet de dépasser le stade quelque peu béat du simple plaisir immédiat. Mais des bases indispensables sont toujours manquantes, et freinent mon évolution. Enfin, je ne parviens pas à maîtriser mon imagination, si bien que mes dégustations continuent d'être parasitées par l'activité de cette faculté.

Indigence du réel ?

Pour autant, je ne diabolise pas l'imagination ; je l'absous même des reproches que Pascal a pu lui adresser. Mais j'apprécie aussi de découvrir des vins dont j'ignore tout, et sur lesquels mon imagination, sevrée d'informations, n'a pu s'emballer. Je reste sensible, cependant, au plaisir qu'il y a à imaginer un vin, à l'attendre, même si je sais que je m'expose ainsi au risque de la déception. Le vin que je vais boire pourra-t-il rivaliser avec celui que j'escomptais ? Ne va-t-il pas faire pâle figure à côté de celui dont j'ai rêvé ? Je crois que l'on humilie trop facilement ce pauvre réel en le jugeant systématiquement inférieur à l'imaginaire et à sa prétendue richesse. Cette idée n'est sans doute qu'un regrettable préjugé ; regrettable car il nous incite à négliger le réel, et à n'estimer que les rêveries. En fait, pour qui sait le percevoir, le réel regorge de trésors, de surprises, de ressources, mais nos sens sont fermés et notre jugement est péremptoire : la véritable richesse est celle de l'imaginaire ! Il est temps de réhabiliter le réel : si pauvreté il y a, c'est bien de la pauvreté de notre perception du réel qu'il s'agit, une perception le plus souvent sommaire, banale, ankylosée par les préjugés. Nous sommes fautifs. Nous survolons le réel et nous décrétons que la vraie vie est ailleurs, dans les mondes parallèles forgés par notre imagination. Au lieu de la laisser ainsi divaguer, il faudrait reprendre le contrôle de cette faculté, et l'empêcher de former un modèle de référence à l'aune duquel le vin réel sera comparé. Sans cette précaution, notre dégustation risque d'être d'ores et déjà faussée dans la mesure où nous attendons quelque chose. Or le réel, forcément, proposera quelque chose de différent, que nous n'aurions pu prévoir ; cette différence nous décevra, et sera interprétée comme étant une infériorité, même s'il est vrai que de bonnes surprises sont toujours possibles. On imagine donc avant de boire. Pourquoi ? Tout simplement parce que le vin est un désir et tout désir est envoûté par l'imagination. La lecture des nombreux guides consacrés au vin est l'un des facteurs décisifs pouvant expliquer le réveil de cette faculté. Justement : quelle est la meilleure utilisation de ces guides ? Le dilemme, à mon sens, est le suivant : faut-il lire avant ou après ? Ces ouvrages, en principe, sont à lire avant, car ils sont riches en conseils précieux. Mais les commentaires proposés mêlent informations objectives et jugements subjectifs. Or les mots du vin ont du mal à rester mesurés et prudents : les auteurs de ces guides peinent à être « froids », impassibles, et s'enthousiasment facilement. Ils écrivent parfois sous le coup de l'émotion. L'impact, sur le lecteur, est foudroyant. Il suffit d'un mot, d'une métaphore inspirée, d'un éloge appuyé pour que l'imagination du lecteur s'enflamme aussitôt : un désir vient de naître, et il est déjà aux prises avec un certain espoir dont il aura toutes les peines du monde à se défaire. C'est pourquoi il faudrait peut-être se contenter d'informations objectives, et réserver les commentaires subjectifs pour plus tard, une fois que la dégustation sera terminée, de manière à prolonger le plaisir et à ne pas parasiter la découverte des vins. Mais une telle solution, si elle préserve le charme de la surprise, nous prive aussi du plaisir d'imaginer qui, à mes yeux, est indissociable de l'univers du vin. On le voit, la question est délicate à trancher : imaginer le vin que l'on va boire est un plaisir ; mais succomber trop facilement à la volupté de ce plaisir va probablement compromettre l'impassibilité requise par la dégustation.

Que faire, dans ces conditions ? N'étant pas un spécialiste, ou encore un professionnel, je suis dispensé, me semble-t-il, de cette impassibilité qui, d'ailleurs, n'est pas à ma portée. Pour moi, l'imaginaire fait partie intégrante du vin.

Allégorie de la cave

Je contemple ma cave. Elle stimule immédiatement mon imagination. À vrai dire, ce n'est pas une cave, juste un placard sous l'escalier. Les puristes seraient sans doute scandalisés par les piètres conditions de conservation proposées par l'espace en question. Il y fait systématiquement trop chaud, été comme hiver. Le degré d'humidité ne va pas non plus. C'est à peine s'il y fait sombre, et c'est bien là, finalement, le seul avantage de l'endroit : il est à peu près à l'abri de la lumière. Ce n'est pas une cave souterraine, avec un sol en terre battue, et dans laquelle régneraient une température et une humidité constantes. Ce n'est même pas une véritable cave car, je le répète, elle est sous un escalier, c'est-à-dire que l'on n'y descend pas. Or tout lecteur de Bachelard sait bien qu'une cave qui n'est pas en bas est une hérésie. Une maison, nous dit l'auteur de *La Poétique de l'espace*, est avant tout organisée verticalement, contrairement à l'horizontalité de l'appartement. La maison, en effet, s'élève, de la cave au grenier ; et ces deux pôles sont loin d'être des lieux quelconques, banals : ils sont porteurs, au contraire, d'un imaginaire, d'une symbolique que Bachelard essaie de présenter dans ce livre. L'ouvrage en question est d'ailleurs à la maison ce que la psychanalyse est à l'âme humaine ; c'est pourquoi l'auteur définit lui-même son entreprise une topo-analyse. Ma cave, donc, n'est pas en bas ; je le regrette car je sais tout le bénéfice que mes vins pourraient en retirer, et toutes les rêveries dont je suis ainsi privé. Si j'avais une cave, j'y descendrais dans un état d'esprit bien particulier, un tel lieu n'étant jamais neutre. Il y aurait peut-être un peu d'appréhension, due aux mystères des ténèbres, et aussi au fait que l'on se retrouve confiné, enfermé, dans les entrailles de la Terre. Mais la perspective de retrouver mes vins serait, je pense, source de plaisir : ils seraient là, couchés dans la nuit, à dormir, à attendre le moment opportun, le jour de leur sacre. En plus de proposer une expérience sensorielle intéressante, la cave est donc, en tant que lieu, inséparable d'une dimension symbolique qui ajoute à la magie du vin. Descendre chercher une vieille bouteille poussiéreuse qui patiente depuis longtemps, s'aventurer dans l'obscurité, contempler sa collection, et rêver de ses vins qui évoluent lentement : voilà autant d'émotions auxquelles le plus grand pourfendeur de clichés ne saurait, à mon sens, résister. Je m'aperçois d'ailleurs que j'emprunte, par la pensée, le même chemin, mais en sens inverse, que ce prisonnier célèbre dont nous parle Platon dans l'allégorie de la caverne : en plongeant dans l'obscurité d'une cave, je sais bien ce que je perdrais en rationalité. Mon approche du vin échouerait vraisemblablement à être objective car je ne serais plus alors que sensations diffuses, imagination et émotion. Mais c'est aussi cela l'univers du vin, une descente dans un monde à la fois sensoriel et symbolique, où la raison a été détrônée ; cette raison, justement, si avide, d'ordinaire, d'idées claires et distinctes, si prompte, en principe, à contrôler nos faits et gestes, doit consentir un retrait partiel et temporaire, sous peine de nous faire passer à côté d'une dimension essentielle du vin : l'imaginaire.

Le possible et le réel

Mais point de cave, malheureusement. Juste ce petit placard, à peine sombre, étroit, peu pratique. Il y a cependant une porte, et derrière cette porte les vins sommeillent et attendent : cela suffit à ma rêverie. Je sais qu'ils sont là, qu'ils patientent. Moi aussi je patiente, et ce délai qui m'est imposé est une incitation à imaginer. Le vin est avant tout une promesse, la promesse d'un plaisir. Tant qu'il est prisonnier dans sa bouteille, il ne nous livre aucune information sensible ; même sa robe est cachée, sauf dans le cas des vins blancs moelleux qui ont droit à un verre transparent. Nous devons donc nous contenter de données qui sont à la fois objectives et abstraites : un nom, une appellation, un millésime, un ou plusieurs cépages. Le reste est à imaginer. Et il faut dire que tout nous y incite : cette prison de verre est un défi lancé à notre imagination et celle-ci est vraisemblablement excitée par la lecture des guides, car elle n'a pas su résister à pareille tentation. Si nous sommes contraints d'attendre un vin qui nous a donné rendez-vous pour plus tard, nous prenons notre mal en patience, nous comblons notre frustration comme nous le pouvons : en buvant en rêve le vin qui, pour l'instant, se dérobe encore et se laisse désirer. Parmi les causes qui déclenchent l'activité de l'imagination, il y a donc l'attente. Nous attendons, en effet, nos vins, car ils ont besoin du temps pour évoluer. On peut certes acheter et consommer immédiatement ; mais on reste alors aux portes de l'univers du vin. Le temps, encore une fois, est essentiel : une bouteille abrite un vin réel qui est cependant en devenir ; je veux dire par là que ce vin réel recèle un vin possible qui a besoin de temps pour apparaître. Dès lors, la grande affaire qui préoccupe tout amateur de vin est de savoir quand ouvrir. La tâche est compliquée et comporte un risque : il s'agit de ne pas interrompre prématurément un processus de maturation, et de ne déboucher que lorsqu'un vin est à son apogée. L'amoureux du vin prend alors pleinement conscience de ce qui caractérise profondément le temps. Il est irréversible : on ne pourra donc revenir en arrière. Il est aussi de l'ordre de l'irrévocable : ce qui est fait est fait, une bonne fois pour toutes, impossible de changer quoi que ce soit. Ouvrir un vin auquel on tient est donc un acte grave, ou, disons, sérieux, car le temps ne nous accordera pas une seconde chance. On pourra éventuellement se rassurer en se disant : j'ai d'autres bouteilles, et par conséquent d'autres occasions de pleinement goûter ce vin. Mais sera-ce le même vin ? Chaque bouteille ne va-t-elle pas suivre sa propre évolution et nous proposer un vin inévitablement singulier ? Je le pense. Chaque fois que l'on fait sauter un bouchon, c'est une bouteille unique que l'on ouvre, et que l'on ne retrouvera plus jamais. Ne craignons pas de dramatiser cet instant à outrance car le vin qui se présente devant nous existe en un seul exemplaire. Il n'y a pas deux bouteilles absolument identiques, chacune ayant suivi son propre chemin, et développé sa différence, sa singularité. J'ai actuellement en cave quatre exemplaires d'un très bon vin rouge de l'appellation Pessac-Léognan : un Château La Louvière, millésime 2000. Mais est-ce exactement le même vin dans quatre bouteilles différentes ? Admettons que le vin provienne d'un seul et même fût, ce qui n'est probablement pas le cas : ai-je un seul vin ou quatre vins différents ? Je crois, pour ma part, qu'ils sont différents bien que très ressemblants, et que cette différence ira en s'accentuant, chacun finissant par développer une identité singulière. C'est cette aventure du vin dans le temps qu'il faudra bien interrompre un jour ou l'autre ; mais quand ? Comment savoir, comment être sûr ? Comment ne pas louper cet apogée ? Avant, c'est trop tôt : le possible n'est pas encore devenu réel. Après, c'est trop tard : le vin décline, nous avons raté le rendez-vous. Un vieux mot grec correspond bien à cette hésitation qui envahit tout amateur de vin qui s'apprête à déboucher : *kairos*, qui désigne le moment opportun, l'instant propice, l'occasion favorable. Hegel a recours à lui, dans ses *Leçons sur la philosophie de l'histoire*, pour essayer d'expliquer en quoi consiste le génie des grands hommes. Ces derniers ont le sens du *kairos* : ils sentent que le moment est venu, qu'il est temps, par exemple, pour César de franchir le Rubicon (en – 49). L'amateur de vin ne veut pas, quant à lui, conquérir le monde : il souhaite juste ne pas se tromper, et deviner quand il faudra ouvrir et déguster. Le vin le contraint à être sur la brèche, à guetter l'instant, le *kairos* donc, le moment ou jamais. Le temps, décidément, est tout ou presque : il était déjà, on s'en souvient, au cœur de la dégustation, c'est-à-dire de cet exercice si particulier qui consiste à se donner du temps pour permettre à nos sens de rencontrer *un* vin. Il est encore à l'œuvre dans le processus de maturation du vin, et réclame de nous cette aptitude à flairer le moment opportun. Le vin s'attend, nous fait attendre. Il évolue. Il est vivant. Le temps est son essence, si bien qu'il est lui aussi soumis au devenir universel. Et attendre, pour nous, c'est penser, ou bien encore : attendre, lorsqu'il s'agit de la réalisation d'un désir, c'est imaginer. J'imagine, en effet, ce que sera mon La Louvière 2000, car le respect de son processus de maturation m'expulse du réel et me force à me réfugier dans l'imaginaire. Je dois absolument tenir bon, encore quelques années. Je ne dois pas craquer et ouvrir avant l'heure : méditons ici l'erreur d'Orphée. Il aurait dû attendre d'avoir franchi le seuil fatidique pour enfin se retourner et contempler Eurydice. Mais la tentation fut trop forte, et Orphée l'impatient voit Eurydice se volatiliser et disparaître à jamais. L'amateur de vin est tout aussi tenté que le fut Orphée et risque de commettre l'irréparable. Il ne faut pas interrompre ce travail du possible et l'empêcher ainsi de devenir réel. La question, toutefois, persiste : quand ? Cela dépend… Et c'est bien là que réside la difficulté : de nombreux facteurs entrent en jeu et compliquent l'effort de prévision. Découragé par ce casse-tête, il m'arrive parfois d'ouvrir un peu au hasard : je crois pouvoir dire que les bonnes surprises sont à peu près aussi fréquentes que les mauvaises. Le pire est cependant d'ouvrir trop tard, et de laisser passer l'apogée du vin : pareille erreur est irrémédiable. Ouvrir trop tôt est, à la rigueur, moins grave : en décantant le vin, en le laissant s'oxygéner (le temps, encore !), on peut toujours atténuer la catastrophe et sauver ce qui peut l'être. Je dois reconnaître, par conséquent, que le vin n'est pas seulement synonyme de plaisir : étant un désir, il m'expose au manque, à l'attente, à l'inquiétude. Il est aussi soumis au temps : je prends ici conscience de sa fragilité.

Un monde irrationnel

On le voit, l'imagination est présente à tous les niveaux qui constituent l'univers du vin ; ce dernier ne peut donc se résumer à une simple affaire de sensations : impossible de se contenter de contempler une robe, d'apprécier un bouquet, ou une longueur en bouche. Il faut reconnaître l'omniprésence de l'imagination, son inévitable intervention, c'est-à-dire, finalement, la dimension irrationnelle du monde du vin. Tous, certes, ne sont pas exposés de la même façon : j'ai dit que les spécialistes du vin ont une approche quasi rationnelle, même si l'idée a de quoi surprendre dans la mesure où le dégustateur est forcément un empiriste. Or l'histoire de la philosophie regorge de vieilles querelles parmi lesquelles celle de l'empirisme et du rationalisme n'est pas la moins fameuse. Lorsque je parle d'une approche presque rationnelle du vin, je veux dire que certains parviennent à se contenter des informations délivrées par leurs sens, informations aussitôt comparées aux souvenirs conservés par leur mémoire, et enfin verbalisées. Tout cela leur permet de décortiquer, d'analyser un vin. En eux, l'imagination est maîtrisée, et nous avons alors l'impression que leur dégustation est objective. L'amateur, quant à lui, essaie d'appliquer cette méthode à la lettre, mais chavire dans l'irrationnel au moindre soubresaut de son imagination. Un exemple : je viens d'entendre parler, à la radio, d'une appellation d'origine contrôlée dont j'ignorais totalement l'existence, et qui, selon les intervenants de l'émission, serait l'une des plus petites de France : Palette, juste à côté d'Aix-en-Provence. Certes, il me semble qu'il y a, notamment en Bourgogne, des surfaces encore plus réduites que la trentaine d'hectares annoncée ; mais cela suffit à déclencher en moi le désir d'aller voir ce vin de plus près, et de le déguster, alors qu'il y a trente secondes cette appellation m'était inconnue. Ne possédant aucune information supplémentaire, j'imagine alors une garrigue brûlée par le soleil de Provence, un terroir authentique, un vin fait par des vignerons passionnés, des méthodes ancestrales, etc. Bien entendu, je peux vivre sans aller à Palette : mais le simple fait de connaître l'existence de cette AOC et mon incapacité à tempérer mon imagination ont fait naître en moi le désir de ce vin.

La carte aux trésors

À vrai dire, je suis coutumier du fait. Par le passé, les hasards de l'existence, ou alors un certain enchaînement de causes et d'effets, m'avaient mené dans les Corbières, et jusqu'à la découverte de l'appellation Fitou, principalement centrée, me semble-t-il, sur la commune de Tuchan. Là, à l'occasion d'une dégustation de légende (merci, Jean-Marie), je tombai amoureux de ce coin du Languedoc, déjà bien connu pour ses châteaux cathares. Je suis passé de nouveau, il y a peu, par Tuchan, afin de me procurer quelques-uns de ces rouges puissants et de ces merveilleux muscats que j'aime par-dessus tout. Un sympathique vigneron de la cave coopérative locale me couvrit littéralement de cadeaux, parmi lesquels une grande carte du Languedoc qui recense toutes les AOC de cette région. Je la consulte souvent car elle me fait rêver. Le Languedoc est, pour l'amateur de vin, un extraordinaire terrain de jeux qui s'étend, pour simplifier, de Perpignan jusqu'à Nîmes, et qui propose une multitude d'appellations savoureuses dont le découpage géographique est en soi un sujet d'étonnement. J'adore regarder cette carte saugrenue, repérer un terroir, m'y rendre après avoir imaginé les plaisirs qu'il va m'offrir, me frotter aux inépuisables surprises d'un réel généreux. Cette région est bénie des dieux ; je ne puis, cependant, l'isoler de celle qui la prolonge au sud : le Roussillon ou, si l'on préfère, le pays catalan. Quatre noms magiques me font immédiatement rêver : Banyuls, Rivesaltes, Maury et Collioure ; autant de vins et de vins doux naturels auxquels j'ai succombé après de longues rêveries de mon imagination, et pour lesquels la confrontation tant redoutée avec le réel fut une confirmation de mes espoirs. On le voit, l'activité de l'imagination ne débouche pas forcément sur une désillusion amère. Ces vins, bien évidemment, étaient différents de ceux que j'avais pu imaginer ; mais je n'ai pas été, pour autant, déçu. Cette faculté a donc fait naître en moi un désir qu'elle n'a cessé d'exacerber jusqu'à ce que je prenne, finalement, la route des vins du Languedoc-Roussillon. Mais parfois l'imagination se manifeste d'une façon plus inattendue : au lieu de fabriquer un désir, elle fomente une hostilité dont nous aurons du mal, par la suite, à nous défaire. Cette réflexion est pour moi l'occasion de parler de mon rapport au bordeaux, rapport parasité par ma relation avec Bordeaux, la ville cette fois.

Mea culpa

C'est à Bordeaux que je fis mes études, au cœur du plus extraordinaire vignoble du monde. Mais je n'aimais pas encore le vin. La ville reste pour moi le symbole de mes années d'ascète, années que je consacrais à mes études et au cours desquelles je vécus cloîtré dans la rationalité du monde intelligible. Je crois pouvoir dire aujourd'hui que toutes ces années, si elles n'ont pas été perdues, ont au moins été gâchées par une orientation philosophique regrettable qui me détourna de l'essentiel : le réel, le corps, les sensations, les plaisirs. Je n'en reviens toujours pas : les plus grands vins du monde étaient là, mais moi je n'y étais pas, j'étais ailleurs. Je n'aurais pu, certes, goûter à toutes ces merveilles, car elles étaient bien au-dessus de mes moyens. Mais j'aurais très bien pu en goûter d'autres, plus accessibles ; j'aurais pu aller sur place, visiter les châteaux, et faire peut-être des dégustations. Mais non, rien de tout cela. Pendant plus de dix ans, j'ai fait preuve d'une désolante fermeture d'esprit à l'égard du bordeaux qui incarnait pour moi l'aristocratie du vin. J'imaginais des vins altiers, prétentieux, surestimés et horriblement chers. Bordeaux, c'était le snobisme du vin, cette insupportable fatuité, cette suffisance qui se double de la certitude que tout le reste ne vaut rien, ou est inférieur. Mon imagination travaillait donc, mais cette fois pour le pire : Bordeaux, c'était le monde des affaires, du négoce, du fric. Moi, je ne rêvais que de terroirs authentiques, chaleureux, modestes : Fitou et Corbières, mais aussi Madiran et Jurançon, autant d'appellations auxquelles j'étais sensible et que mon imagination valorisait.

Cette position était intenable. Elle s'est heureusement effondrée il y a peu, et j'ai pris conscience, à nouveau, de la bêtise des préjugés, et du temps perdu. Je suis donc retourné à Bordeaux, enfin décidé à aborder cette appellation dans les meilleures conditions, en faisant table rase du passé. J'y ai rencontré des gens dont la vie est consacrée au vin, des gens passionnés, attachés à leur terre, conscients de la valeur de celle-ci et soucieux de ne pas trahir un héritage à l'égard duquel ils n'ont que des devoirs. J'ai compris que par-delà le prestige, les châteaux, par-delà le fric et le snobisme, il y avait, intact, ce même amour du vin rencontré dans le Languedoc, ou dans le Madiran, ce même rapport à la terre, à la tradition, aux racines, et sans lequel on ne peut être vigneron. J'ai déjà abordé ce thème dans un essai que j'ai consacré au rugby, et je prends aujourd'hui pleinement conscience du lien étroit qui existe entre le vin et ce sport : dans les deux cas, l'individu veut fusionner avec la terre, s'y enraciner, parce qu'il l'aime, parce qu'elle fait partie intégrante de son être, de son identité. Loin des clichés faciles, il existe partout, à Bordeaux comme ailleurs, des gens qui aiment leur terre et font du vin pour donner le meilleur de celle-ci. J'ai acquis cette certitude au cours d'une dégustation au château de Fieuzal, théâtre de cette révélation. Fieuzal est une valeur sûre de l'appellation Pessac-Léognan, une de mes préférées. Ce vin est autant connu pour ses rouges que pour ses blancs. Il appartient depuis 2001 à un industriel irlandais, mais j'ai l'impression que cette façon de voir les choses est erronée : quand on est vigneron, quand on possède une propriété dont la raison d'être est le vin, tout se passe comme si la terre, la vigne et le vin vous possédaient, vous laissant vaguement l'impression du contraire. Ce sont eux qui se servent de vous, qui vous instrumentalisent, qui obtiennent votre sacrifice. Les contraintes, en effet, sont telles, le temps passé est si dévoreur de votre liberté que j'ai du mal, décidément, à penser que l'on puisse posséder un vin. Je fus reçu à Fieuzal par un jour glacial de février. J'y ai trouvé des vignes à perte de vue, coupées en deux par la D 651 : à ma droite, Fieuzal donc ; à ma gauche, Haut-Gardère, c'est-à-dire le second cru produit par Fieuzal. Avant d'entrer me mettre au chaud, je fais quelques pas parmi les ceps dont je remarque tout de suite l'exceptionnelle grosseur : j'apprendrai plus tard que les plus anciens sont centenaires, et que l'âge moyen est de trente ans. Je gratte un peu le sol : je suis saisi par sa pauvreté qui, en principe, découragerait toute autre culture que la vigne. Je ne suis pas du tout habitué à ce genre de sols. Au Pays basque, la terre est vraiment de la terre : elle est grasse, elle est riche. Ici elle me semble sableuse et pleine de cailloux. Par la suite, on me dira que les sols sont « gravelo-sableux », constitués de « graves d'origine villafranchienne ». L'accueil est chaleureux et simple, bon enfant. Notre hôte va consacrer une bonne heure à nous présenter le domaine et les principaux vins produits. Il parle beaucoup, car il est manifestement passionné par ce qu'il fait ; et quand un passionné s'exprime sur le sujet qui l'intéresse au plus haut point dans la vie, quelque chose semble irradier de son être et constituer un halo qui vous happe. Pour autant, il se montre également fin pédagogue. Il m'explique tout, décortique tout, me montre tout. J'en apprends plus en une heure qu'en dix ans. Notre rencontre se termine, comme il se doit, par une généreuse dégustation à laquelle notre hôte participe sans le moindre chichi. Nous sommes tous (quatre en tout) réunis dans une sorte de cuisine qui jouxte la salle de réception, et nous goûtons l'ensemble de la gamme de ce cru : les rouges, les blancs, fieuzals, haut-gardère ; tout, jusqu'au délicieux « vin pour tous les jours » qu'ils viennent de mettre au point. J'ai déjà vécu de tels instants : c'était à Maumusson, dans le vignoble du Madiran ; c'était à Tuchan, pour l'appellation Fitou ; c'était à Rivesaltes, c'était à Jurançon, et c'est donc, enfin, à Bordeaux. Un préjugé s'écroule : ici aussi on aime sincèrement le vin, ici aussi il y a des gens simples qui vous accueillent chaleureusement et qui sont tout simplement heureux de pouvoir vous faire goûter le vin qu'ils font. Cette impression se confirmera durant toute la journée passée dans l'appellation Pessac-Léognan, où je n'ai pas rencontré ce prétendu snobisme bordelais qui orientait mon jugement. Peut-être persiste-t-il ailleurs, dans la région ? Mais à présent je me méfie de moi et des conclusions hâtives de mon imagination : un château, des quartiers de noblesse, et l'excellence d'une réputation prestigieuse n'empêchent pas d'aimer avant tout le vin, et ne riment pas forcément avec fric, négoce et snobisme.

Néanmoins, je dois reconnaître que la découverte des vins de Bordeaux est, pour l'immense majorité des amateurs de vin, fortement parasitée par l'activité de l'imagination. Difficile, en effet, de tempérer son enthousiasme quand on sait que l'on va goûter quelques-uns des plus grands vins du monde. Forcément, on imagine des merveilles. Je pense, par exemple, à ces cars entiers de touristes japonais en visite dans la région : comment peuvent-ils dominer leur imagination, se concentrer sur leurs sensations, et tendre vers ce relatif empirisme que réclame l'exercice de la dégustation ? Bordeaux est vraisemblablement la capitale du monde du vin, tant par la quantité que par la qualité ; c'est aussi une région qui possède la plus forte charge symbolique. Je ne veux pas dire par là que Bordeaux fait des vins surestimés, déformés par le prisme de l'imagination ; j'avance simplement l'idée que l'amateur de vin doit inévitablement composer avec son imagination, et ce problème, si c'en est un, car nous avons vu qu'imaginer un vin était aussi source de plaisir, se pose tout particulièrement à Bordeaux, où le vin a donné naissance à une culture, à une architecture, à des mythes et à des réputations qui nourrissent notre imaginaire et influencent nos perceptions. Goûter un vin, c'est, en principe, le juger ; et j'ai tenté de dire quelles étaient les facultés mobilisées par un tel exercice. Mais l'imagination ne cesse de déborder de la partie de l'âme dans laquelle on voudrait l'enfermer, et intervient sans arrêt dans les dégustations de l'amateur de vin. C'est ainsi : le vin nous fait rêver.

La terre et le temps

Quelles sont les images qui reviennent le plus souvent ? J'ai déjà parlé de la promesse d'un plaisir, du mystérieux travail du temps, du cérémonial de la dégustation ou encore de l'excellence de certaines réputations. J'aimerais insister à présent sur l'intimité du rapport à la terre, idée à peine frôlée un peu plus haut. Lorsque je bois un vin, ou lorsque je suis prêt à avaler tous ces kilomètres pour découvrir une appellation, je veux surtout savoir à quel vin cette terre bien précise a pu donner naissance. Le vin est toujours *un* vin, c'est-à-dire qu'il est toujours singulier, et vous ne trouverez pas deux vins absolument identiques. Et ce qui fait la singularité d'un vin, son originalité, c'est qu'il provient de telle terre, et que cette terre a telles particularités, au premier rang desquelles il y a la nature du sol, le climat, des cépages spécifiques, ainsi que des traditions. Je crois que tous, sur ce point, tomberont d'accord avec moi : on ne veut pas boire *du* vin, mais on veut boire, par exemple, *un* cahors, *un* chablis, ou *un* saint-émilion, c'est-à-dire quasiment un verre « de terre » ! Un vin né quelque part, caractéristique de son appellation, fils de la terre dont il provient. Le vin rouge ressemble au sang, et on sait le succès de l'image qui en fait le sang de la terre. Bien que convenue, cette comparaison conserve un véritable intérêt : une terre, en fait, est un endroit précis que l'on pourrait repérer sur une carte. Mais cette localisation spatiale est à compléter par le temps, et ce qui nous intéresse est, en effet, un vin qui a été fait à tel endroit et à tel moment. Nous aimons ce genre d'informations : elles sont pour nous absolument essentielles. Un vin dont on ne peut identifier la provenance ne nous parle pas. Un vin sans millésime est, de même, insuffisant. Aussi le vin est-il pour nous la quintessence d'une région, d'un terroir, et l'émanation d'une année, le fruit du temps qu'il fit cette année-là. Le vin est surtout cela : un certain rapport à l'espace, à travers une terre, et un certain rapport au temps, par l'intermédiaire de son millésime. Que désirons-nous, au juste, quand nous goûtons un vin, sinon découvrir le résultat produit par la rencontre de l'espace et du temps ? On le voit, cette boisson est donc toujours indissociable de la particularité d'une terre, et de la spécificité d'une année. Mais ce « toujours » n'est-il pas trop fort ?

Le vin et la mondialisation

Il faut reconnaître qu'un documentaire récent a quelque peu ébranlé cette conviction. Le film de Jonathan Nossiter, intitulé *Mondovino*, a en effet déclenché un véritable séisme dans le monde du vin, en suscitant controverses, polémiques et même une contre-dégustation autour des vins cités dans cette œuvre subversive [3]. Aussi les idées sur lesquelles je viens d'insister sont-elles peut-être déjà caduques. Le vin, apparemment, est de moins en moins le fils de la terre et du temps car, de plus en plus, les hommes font des vins qui se ressemblent. Mais pourquoi renoncer aux caractéristiques d'un terroir, voire à celles d'un millésime, alors que ces caractéristiques font

3. *Libération* a consacré un article particulièrement intéressant intitulé : « La mondialisation nuit-elle au vin ? Contre-dégustation », qui relate la contre-dégustation effectuée par un groupe d'amateurs de vin sur tous les vins évoqués dans le documentaire ; les résultats sont surprenants et plutôt favorables aux vins dits « de la mondialisation ».

justement l'âme d'un vin ? Pour répondre aux exigences d'un goût mondialisé. Il y a donc, si l'on en croit ce film militant, la montée d'un phénomène inquiétant : la mondialisation du goût en matière de vin. Mais qu'est-ce, au juste, que la mondialisation ? Je pense tout de suite à la fameuse phrase de Galilée : « Ailleurs, c'est comme ici », et qui exprimait sa volonté de rompre avec le dualisme de l'ontologie aristotélicienne, c'est-à-dire la distinction d'un monde sublunaire et d'un monde supralunaire. Contre une telle façon de voir les choses, Galilée affirme donc qu'ailleurs c'est comme ici, qu'il n'y a pas lieu d'imaginer deux mondes différents, l'un livré à la génération, à la corruption et au désordre, l'autre, céleste ou sidéral, fait de substance incorruptible et temple des mouvements circulaires et réguliers. Il faut, par conséquent, en finir avec une telle représentation, et procéder à l'uniformisation des niveaux de réalité. Le grand livre de la nature, après tout, est d'essence mathématique, et les mêmes lois doivent pouvoir s'appliquer partout. La même vérité scientifique va donc s'étendre, et se généraliser ; on pourrait dire : « se mondialiser ».

Résister ou capituler

Le vin et le goût paraissent, en principe, à l'abri d'une telle homogénéisation. Ils sont, à première vue, toujours singuliers, uniques et relatifs, et on ne peut que s'en réjouir. Mais *Mondovino* nous alerte : quelque chose est en marche et menace la spécificité des vins et la variété des goûts. Le voyageur sait bien quels sont les ravages de la mondialisation : le monde est de moins en moins pittoresque, et son universelle bigarrure est de plus en plus souvent attaquée. Où que l'on aille, on risque d'écouter la même musique : Britney Spears, par exemple ; on trouvera partout la même boisson : du Coca-Cola ; et on n'échappera pas aux fast-foods de McDonald's. Il faut donc entendre par mondialisation du goût l'extension progressive et à première vue irrémédiable d'un modèle (américain notamment, mais pas seulement) qui déborde de ses frontières, passe à l'offensive, et supplante rapidement les goûts, ou encore les pratiques, les traditions, des autres peuples. Tout cela, bien entendu, se fait sous l'impulsion de grands groupes industriels. On a pu penser, jusqu'à présent, que le vin était à l'abri du déferlement de cette vague ; mais nous savons maintenant, grâce à *Mondovino*, qu'il n'en est rien. Le film pointe un doigt accusateur sur Mondavi, ce géant américain du vin, basé dans la Napa Valley, la Californie du vin. Mondavi souhaite se développer, gagner de nouveaux marchés, et racheter, dans ce but, des vignobles un peu partout dans le monde. Pourquoi pas, après tout. Si le vin est un marché, on ne voit pas en quoi il faudrait diaboliser Mondavi et en faire le symbole funeste de la mondialisation : une entreprise a raison de lutter de toutes ses forces pour accroître ses parts de marché, et on aimerait bien que d'autres entreprises, françaises celles-là, aient le même dynamisme. Le film de Jonathan Nossiter est donc, à mon sens, très manichéen, et on peut regretter sincèrement que les Mondavi père et fils soient filmés un peu à la façon de parrains de la mafia. Mais si l'on peut regarder ce documentaire avec l'œil d'un économiste, et arriver à des conclusions diamétralement opposées de celles du réalisateur, il convient cependant de reconnaître que s'arrêter à ce seul point de vue serait très insuffisant. Ce qu'il est convenu d'appeler à présent « l'affaire Mondavi » (à laquelle Olivier Torrès s'est intéressé de près dans un livre, *La Guerre des vins : l'affaire Mondavi*) a pris l'ampleur d'une lutte de civilisations lorsque l'entreprise californienne tenta d'acheter cinq cents hectares de vignes à Aniane, dans l'Hérault : là, elle se heurta à l'opposition, disons même à la résistance, d'un groupe d'irréductibles, voire d'incorruptibles, qui firent barrage aux ambitions de Mondavi. À la tête de la révolte, il y avait un certain Aimé Guibert, propriétaire du désormais fameux domaine Daumas Gassac, une sorte de José Bové local. *Mondovino* s'attarde sur ce personnage haut en couleur, véritable figure de proue de la résistance à la mondialisation. Il a parfaitement compris les enjeux de l'offensive Mondavi ; il sait ce que veulent les Américains : en gros, produire un vin industriel, ayant toujours le même goût, prêt à boire car il n'est plus question de lui laisser le temps de vieillir, le tout en quantité massive, industrielle donc. Que vaut un tel vin ? Lors d'un entretien accordé à *Sud-Ouest,* Aimé Guibert nous l'explique : « C'est du vin en batterie, comme il y a des porcs ou des poulets en batterie. C'est du Coca-Cola à partir de raisins. » Un tel vin est un produit, alors que pour le vigneron de Daumas Gassac « le vin, c'est une œuvre d'art ». Il faut donc prendre au sérieux ce qui, au premier coup d'œil, n'est qu'une guéguerre dérisoire. Ce sont en fait deux mondes, deux cultures, qui se sont affrontés sur le territoire de la commune d'Aniane. Pour s'en convaincre, on pourrait formuler le problème en ces termes : le vin est-il un produit ou une œuvre ?

Œuvre et produit

S'il est un produit comme les autres, le vin sera donc fabriqué en très grande quantité, de manière industrielle. C'est déjà en soi un paradoxe dans la mesure où l'immense majorité des vignerons essaie, au contraire, de limiter les quantités : si la vigne porte moins de grappes, celles-ci seront de meilleure qualité. D'un côté on privilégie donc une production de masse, tandis que de l'autre on vise un vin de qualité. S'il est décidément un produit, le vin risque fort d'être bien pauvre, de n'avoir pas grand-chose à raconter : il n'exprimera pas un terroir, un millésime, des cépages originaux ou encore des méthodes traditionnelles ; il sera un résultat banal, anonyme, impersonnel, sans identité, privé de son ancrage dans l'espace et dans le temps. Chaque année on produira la même chose : le même goût, toujours, reviendra ; on ne sera donc jamais déçu, mais on ne sera plus jamais surpris. De tels vins font preuve d'une constance désespérante. À vrai dire, l'amateur de vin se doit d'abord d'être curieux à l'égard de ce genre de vins : il faut donc les goûter, et ne pas camper obstinément sur la position du refus. J'ai goûté ces vins : je sais que malgré la diversité de leur provenance géographique, ils se ressemblent tous sans être absolument identiques. Je sais aussi que, d'une année sur l'autre, ces vins nous proposent à peu près la même chose. Je crois donc avoir fait le tour de la question, et je me concentre avant tout sur les vins de notre pays. Pour autant, de tels vins servent peut-être la cause du vin, car ils permettent une initiation facile à cette boisson. Ils plaisent, en effet, spontanément, séduisent le plus grand nombre, et contribuent ainsi à faire grossir les rangs des amateurs de vin. Je dois, pour ma part, confesser que le rioja *Banda Azul,* qui est à l'origine de ma conversion, entre dans cette catégorie ; l'essentiel est donc de savoir dépasser ce stade, et de partir par la suite à la découverte de vins plus authentiques. Le problème est que « l'invasion » a déjà commencé, si je puis me permettre ce terme quelque peu exagéré, et que la France elle-même voit surgir en son sein de tels vins standardisés. Lorsque Aimé Guibert compare le vin à une œuvre d'art, il exagère lui aussi ; mais il a cependant raison de protester contre cette tendance incarnée par Mondavi, et qui traite le vin comme un vulgaire produit. Mais si le vin n'est ni un produit ni une œuvre d'art, qu'est-il au juste ? Il est une œuvre, tout simplement, et je voudrais juste faire remarquer que l'artiste n'est pas le seul à créer des œuvres, il y a aussi l'artisan. Quant à savoir quel nom donner au processus qui fait naître l'œuvre, on a ici le choix : la fabrication, l'invention, ou la création. Difficile de trancher, car tout dépend, finalement, de la démarche du vigneron : le résultat sera-t-il connu d'avance ? Dans le cas du vin, il semble impossible de prévoir en toute certitude quel sera le résultat final, ce qui semble être le cas de l'invention et de la fabrication, et ce même si le vigneron peut fort bien, notamment au moyen d'assemblages, tendre vers le vin qu'il désire. Mais dans la mesure où l'on ne sait pas à quoi ressemblera le vin que l'on va faire, il est peut-être judicieux de recourir à ce terme de création qui, il y a peu, me semblait encore démesuré. Le problème est que la création nous éloigne de l'artisanat et nous rapproche de l'art. Après tout, ce n'est pas si grave, l'essentiel étant de se tenir loin de la production industrielle. Je dirais donc de la viticulture qu'elle est quelque part entre l'art et l'artisanat. L'important est le point suivant : le propre d'une œuvre, qu'elle soit artistique ou artisanale, est d'exprimer, c'est-à-dire de refléter la personnalité de son auteur, à tel point que l'on reconnaît, à travers l'œuvre, celui qui l'a faite, car elle porte sa marque, son style ; et le style est la signature personnelle de l'individu. Dans le cas du vin, je veux, pour ma part, boire des crus expressifs, et non de banals produits impersonnels qui ne reflètent rien ni personne. Je veux donc, et je crois que nous voulons tous, des vins qui parlent à notre imaginaire et qui racontent des histoires de terroirs et de millésimes, des histoires d'êtres passionnés qui consacrent leur vie au vin, et pour qui cette boisson est une façon de s'exprimer, et d'exprimer la terre d'où ils viennent et avec laquelle ils travaillent. Je ne veux plus trop de ces vins qui, bien qu'ils viennent des quatre coins du monde, nous proposent les mêmes sensations et n'expriment rien, si ce n'est que le monde du vin est en train de devenir un marché. Contre ce mercantilisme en passe d'être universel (ne parle-t-on pas déjà du marché de l'art ?), certains ont le courage de résister, alors qu'il était si facile d'empocher les dollars de Mondavi. D'autres ont capitulé et ne font donc plus le vin qu'ils aimeraient faire, mais le vin que la mondialisation du goût attend d'eux. C'est hélas le cas de quelques fameux crus de Bordeaux qui ont préféré s'adapter aux exigences du marché plutôt que de rester fidèles à leur identité.

Le goût d'un seul ?

Deux hommes, selon *Mondovino*, sont les principaux responsables de cette évolution : le critique américain Robert Parker, célèbre dans le monde entier pour son *Guide Parker des vins de France*[4], et l'œnologue français Michel Rolland. Le premier terrorise littéralement le monde du vin par ses notes qui font et défont des réputations, avec les conséquences économiques que l'on imagine. Le problème est qu'un guide est forcément subjectif car il ne peut se contenter de proposer des informations strictement objectives : la lecture d'un tel livre serait ennuyeuse. Mais ce qui n'était qu'un ouvrage personnel, exprimant la singularité d'un goût, est en passe de devenir *le* livre de référence, *la* Bible

4. Que l'on ne se méprenne pas sur mon intention : j'ai beaucoup d'admiration pour le travail de Robert Parker.

du vin, *la* vérité unique et universelle. Comment en est-on arrivé là ? Cela tient peut-être au charisme de Parker, à la diffusion de son guide, ou encore aux ventes spectaculaires des vins qu'il a appréciés. Michel Rolland, de son côté, aide les viticulteurs du monde entier, du moins ceux qui désirent s'offrir ses services, et qui peuvent se le permettre, à faire un vin qui plaira à Robert Parker, et qui obtiendra une bonne note. On le voit, *un* goût, le goût d'un critique américain, est en train de se propager dans le monde du vin, et devient la référence incontournable. Face à cette montée en puissance, il y a donc ceux qui capitulent, et deviennent les valets serviles du tandem Parker-Rolland, et ceux qui résistent et continuent de faire le vin qu'ils aiment. Mais quelles sont les principales caractéristiques de ce goût en expansion ? Quelle est, en quelque sorte, la recette pour faire acte d'allégeance à Robert Parker ? Le cépage merlot, apparemment, doit être privilégié. Il faut, en outre, des raisins bien mûrs. Le vieillissement doit absolument se faire en fûts de chêne neufs. Une technique, enfin, doit être adoptée : la fameuse micro-oxygénation dont Rolland vante les mérites aux quatre coins de la planète. Le résultat est un vin fortement boisé, extrêmement soyeux, rond et doux, un vin facile et séduisant, fait pour plaire au monde entier, et notamment aux Américains. Certains, comme Jean-Luc Thunevin, de « château [5] » Valandraud, à Saint-Émilion, ont appliqué ces consignes et sont rapidement devenus riches et célèbres en partant de rien ou presque. D'autres sont, au contraire, de vieux domaines vénérables à la réputation prestigieuse, mais ont senti le vent tourner, et ont décidé de s'inféoder au goût Parker. Seuls l'appât du gain et un instinct de survie dans une conjoncture difficile peuvent expliquer que l'on sacrifie ainsi son identité, ses valeurs, son âme. C'est regrettable, et l'amateur de vin ne doit pas cautionner une telle tendance. Fort heureusement, les vins authentiques sont encore innombrables, et continuent de nous offrir des plaisirs spécifiques. Mais ma récente balade dans le Bordelais m'a quelque peu inquiété : j'ai visité un château qui fait un vin que j'adore, et que je suis depuis plusieurs années maintenant. J'en ai profité pour demander quelques noms, en particulier ceux du gérant et du vinificateur ; on m'a donné ces noms sans aucune réticence. J'ai alors parlé de Michel Rolland et on m'a répondu, avec une certaine gêne, qu'il passait de temps en temps prodiguer quelques conseils, mais qu'il n'était pas

5. Je mets château entre guillemets car il s'agit en fait d'un vin de garage.

le vinificateur attitré, ce dernier étant le gérant. Qu'en conclure ? Que ce château a lui aussi succombé ? Une chose est sûre : les quelques millésimes de ce vin qui attendent dans ma cave seront sans doute révélateurs. De plus, *Mondovino* a visiblement fait son effet : une remise en question, une introspection, voire un éventuel sentiment de culpabilité, commencent à poindre chez ceux qui se sont tournés vers le couple Parker-Rolland.

C'est donc la diversité des terroirs que *Mondovino* entend préserver, diversité menacée par le phénomène de mondialisation du goût. Il est d'ailleurs stupéfiant de constater le pouvoir d'un seul homme, en l'occurrence Robert Parker, flanqué de son acolyte hilare, Michel Rolland (dans le film, le second est effectivement hilare en permanence, d'où un certain malaise qui va grandissant : ce type-là n'est-il pas en train de se moquer du monde ? N'est-il pas un parfait cynique ?). Comment le goût d'un seul a-t-il pu se propager à ce point ? On peut cependant douter de l'idée selon laquelle Parker aurait imposé son goût ; on peut tout aussi bien dire qu'il a révélé le goût du plus grand nombre, c'est-à-dire ce qui plaît le plus à une majorité d'individus. L'erreur est de suivre bêtement le mouvement, et d'abdiquer son identité. Le vin doit rester le fils de la terre et du temps. Il est une boisson cosmique. Je veux dire par là que le vin est le résultat d'une alchimie dans laquelle les quatre éléments traditionnels que sont la terre, l'air, l'eau, le feu, se combinent à un cinquième élément : le temps. Le temps, en effet, est omniprésent dans l'univers du vin. Qu'il s'agisse du millésime, du délai que s'accorde le dégustateur, de l'attente d'une bonne bouteille qui dort en cave, ou enfin de la décision de vendanger, le temps est partout. C'est ainsi, le vin nous fait attendre, car le temps est son essence. De plus, il est un héritage transmis de génération en génération : il est le gardien de traditions, il raconte l'histoire d'une famille, ou d'un domaine. À vrai dire, on ne le possède pas vraiment ; c'est plutôt lui qui vous possède, c'est à lui que l'on appartient. Je laisse volontiers tous les vins trop parfaits de la mondialisation, ceux qui sentent le laboratoire, l'étude de marché et le bois ; qu'on me laisse profiter longtemps de tous les autres, ceux dont la cosmicité est avérée, ceux qui me parlent de la terre et du temps dans une langue que mon imagination comprend, des vins qui viennent de quelque part, et qui expriment ce quelque part et la passion de ceux qui l'ont fait.

Conclusion

L'ambition de ce livre était de tenter de comprendre en quoi consiste la passion du vin, passion pour laquelle nous sommes prêts à consentir d'importants sacrifices ; attendre, par exemple : le vin, en effet, s'attend, car il faut du temps pour que le possible devienne réel. Le désir se voit donc contraint de patienter, ce qui, généralement, l'exacerbe un peu plus. Il doit être à son comble chez Miles, ce célibataire dépressif, personnage principal de *Sideways*, le film d'Alexander Payne. Miles est un fin connaisseur ; il possède une bouteille remarquable dont il guette l'apogée : un saint-émilion, Château Cheval Blanc, 1961. Un vin, en principe, de légende. Mais quand le boire ? Quelle occasion méritera une telle merveille ? À quoi celle-ci peut-elle bien ressembler ?

Tiendra-t-elle ses promesses ? Le désir, ici, trépigne. Faute de sensations, c'est l'imagination qui s'enflamme et qui attise notre impatience. Je crois savoir ce que Miles ressent, et tous les amateurs de vin se sentent proches, tout à coup, de lui. Nous sommes fascinés par ce lent travail du temps qui est riche de tant de promesses. Mais Miles, un soir de déprime, finira par craquer et boira son vin n'importe comment, dans un gobelet en carton, en mangeant un hamburger dans un fast-food sinistre. Triste dénouement pour une histoire qui l'aura fait rêver. Quelle autre boisson peut se targuer de nous tenir autant en haleine ? Nous sommes prêts à faire des folies pour le vin. Personnellement, je sillonne la France pour découvrir des appellations, et j'adore cela. D'autres dépensent des fortunes pour goûter des vins d'exception. Ce fut le cas, dernièrement, lors de deux dîners hédonistes organisés à Tokyo, fin décembre 2004, par Robert Parker et le chef Joël Robuchon : dix-neuf vins dégustés, accompagnant dix-neuf mets, pour un repas irrationnel et déraisonnable facturé 7 500 euros. Parmi les vins, tous excellents évidemment, quelques splendeurs : Lafite-Rothschild 1864, Yquem 1921…

J'ai essayé d'apporter quelques éléments de réponse ; il y a, notamment, ces trois idées sur lesquelles il me semble bon de revenir. Le vin est d'abord une fête pour nos sens, il en sollicite au moins quatre sur cinq, et nous propose des sensations. C'est avec ravissement que le philosophe retrouve son corps et le monde sensible. Le vin, en outre, est une boisson alcoolisée. J'ai insisté sur cette évidence plus intéressante qu'il n'y paraît. Nous aimons le vin parce qu'il nous libère provisoirement de ces rabat-joie que sont conscience, morale et raison. Il le fait, de plus, avec goût, avec style ; la griserie qu'il nous apporte pourra donc être à la fois hédoniste et esthétique. Le vin, enfin, est un désir, et non un besoin ; il a donc forcément affaire à l'imagination, et celle-ci ne peut s'empêcher de rêver le vin. Le vin mérite donc bien la passion qu'on lui voue, et le philosophe n'a pas à s'inquiéter de la relative irrationalité de cet univers. Cette irrationalité nous aide à supporter l'austère rationalité du quotidien. Je crois que la liste des raisons de vivre est, fort heureusement, assez longue. Je crois aussi que le vin figure en très bonne place sur cette liste…

Table

Dans la même collection :

Petite philosophie du bonheur

Pensées d'un philosophe sous Prozac

Conseils philosophiques aux hommes politiques et à ceux qui les élisent

Petite philosophie de la passion amoureuse

Métaphysique du frimeur

Petite philosophie grave et légère

Petite philosophie pour les jours tristes

Petite philosophie pour le loup et l'agneau

Petite philosophie du tennis

Petite philosophie du rugby

Boulevard des philosophes, de l'Antiquité à la Renaissance

Boulevard des philosophes, de la Renaissance à aujourd'hui

Petite philosophie du joueur d'échecs

Petite philosophie du surf

Petite philosophie du jet-setter

Achevé d'imprimer sur les presses
de l'Imprimerie France Quercy
113, rue André-Breton, 46001 Cahors - France
d'après montages et gravure numériques
(Computer To Plate)
Dépôt légal : 3e trimestre 2005
Numéro d'impression : 52370